Matheus Lisboa de Souza

ORGANIZAÇÕES CRIMINOSAS: TIPOLOGIA, ENFRENTAMENTO E DÉFICIT DE LEGITIMIDADE DO SISTEMA PENAL

Matheus Lisboa de Souza

ORGANIZAÇÕES CRIMINOSAS: TIPOLOGIA, ENFRENTAMENTO E DÉFICIT DE LEGITIMIDADE DO SISTEMA PENAL

NIDH
Núcleo interamericano de Direitos Humanos

Rio de Janeiro

2025

Dados Internacionais de Catalogação na Publicação (CIP)
(Câmara Brasileira do Livro, SP, Brasil)

Souza, Matheus Lisboa de
Organizações criminosas : tipologia, enfrentamento e défict de legitimidade do sistema penal / Matheus Lisboa de Souza. -- 1. ed. -- Rio de Janeiro : Instituto Interamericano : II ltda - Núcleo Interamericano de Direitos Humanos, 2025.

Bibliografia
ISBN 978-65-83301-11-6

1. Direito 2. Crime organizado 3. Crimeorganizado - Investigação 4. Direito penal 5. Organizações 6. Rio de Janeiro (RJ) 7. Segurança pública - Brasil 8. Sistema penal I. Título.

25-304112.0 CDU-343

Índices para catálogo sistemático:

1. Direito penal 343

Maria Alice Ferreira - Bibliotecária - CRB-8/7964

SUMÁRIO

PREFÁCIO

Prefaciar uma obra acadêmica é, ao mesmo tempo, uma distinção honrosa e uma responsabilidade que impõe reflexão. Recebi com sincera alegria e senso de dever o convite de **Matheus Lisboa de Souza**, egresso da Escola da Magistratura do Estado do Rio de Janeiro (EMERJ), para prefaciar a publicação de sua monografia — trabalho que tive a satisfação de apreciar, como integrante da banca examinadora, quando ainda em fase de apresentação acadêmica.

Desde aquele momento, tornou-se evidente que Matheus reúne qualidades raras entre jovens juristas: o rigor metódico, o senso de justiça e a capacidade de interpretar o fenômeno jurídico sem se distanciar da realidade social. Sua trajetória na EMERJ foi marcada pela seriedade intelectual e pela clareza de propósitos, atributos que agora se projetam nesta obra, fruto de estudo amadurecido e de sensibilidade crítica.

A pesquisa desenvolvida por Matheus enfrenta um dos temas mais desafiadores e complexos do Direito Penal contemporâneo — o enfrentamento das organizações criminosas e o déficit de legitimidade do sistema penal. O autor examina, com apurado senso analítico, as tensões existentes entre a necessária repressão estatal e os limites ético-jurídicos que condicionam o exercício do poder punitivo. Não se trata de um estudo puramente descritivo: é uma reflexão que busca compreender as causas estruturais da criminalidade organizada, seus impactos sobre a democracia e as consequências de um sistema penal que, por vezes, parece ceder à tentação da excepcionalidade.

Nada obstante o propósito de não transformar este texto em resenha, convém, ainda que em rápidas pinceladas, apresentar ao leitor a estrutura e o percurso argumentativo que compõem o trabalho.

No *Capítulo 1* — *"Organizações criminosas, origem e suas evoluções"*, o autor reconstrói a gênese histórica e conceitual das organizações criminosas, desde suas manifestações iniciais na Itália meridional — com destaque para a máfia siciliana — até a conformação das modernas estruturas criminais transnacionais. Analisa o desenvolvimento das ORCRIMs sob o prisma histórico e sociológico, evidenciando o modo como o crime organizado se adaptou às dinâmicas econômicas contemporâneas, convertendo-se em fenômeno global com poder político e econômico autônomo.

O *Capítulo 2* — *"Aspectos criminológicos atrelados às organizações criminosas"* dedica-se ao estudo da estrutura e funcionamento interno desses grupos, abordando suas hierarquias, códigos de conduta e redes de cooptação social. Matheus examina, com base em doutrina e dados empíricos, como esses fatores moldam o comportamento coletivo e a lógica de autopreservação das organizações criminosas. O enfoque criminológico amplia a compreensão do fenômeno para além da dogmática penal, permitindo visualizar o crime organizado como uma entidade socialmente estruturada e sustentada por vínculos de poder e corrupção institucional.

No *Capítulo 3* — *"Realidade da Região Metropolitana do Rio de Janeiro, controlada territorialmente por organizações criminosas"*, o autor desloca o olhar para a realidade fluminense, expondo de modo vívido o domínio territorial exercido por facções e milícias sobre comunidades inteiras. Analisa a formação e consolidação desses poderes paralelos, as relações de dominação e a captura das funções estatais por grupos armados. Demonstra que o Rio de Janeiro se tornou laboratório da criminalidade organizada, onde convivem, em permanente tensão, a omissão estatal e a apropriação privada da violência.

Por fim, o *Capítulo 4* — *"O Estado do Rio de Janeiro, organizações criminosas, mecanismos e desafios das autoridades de segurança pública"* aprofunda o exame da resposta estatal ao fenômeno. Matheus identifica os principais mecanismos de atuação das organizações criminosas, as dificuldades das forças de segurança e o impacto da corrupção estrutural na eficácia das políticas repressivas. À luz de autores como Adriano Oliveira e Ratton Júnior, o texto evidencia que o combate ao crime organizado exige mais do que repressão: requer compreensão sistêmica, coordenação interinstitucional e políticas públicas que restituam legitimidade ao Estado e credibilidade à Justiça Penal.

A **Conclusão** da obra sintetiza a premissa central do autor: as organizações criminosas são estruturas sociais altamente adaptativas, que prosperam na ausência de legitimidade estatal. Por isso, sustenta Matheus, o verdadeiro enfrentamento do crime organizado demanda não apenas eficiência repressiva, mas reconstrução institucional e ética do próprio sistema penal.

Essa conjugação entre vigor técnico e prudência jurídica revela maturidade intelectual e comprometimento com o ideal de justiça. É perceptível, ao longo do texto, a preocupação do autor com a coerência do sistema punitivo e com a legitimidade do exercício da jurisdição penal em um Estado Democrático de Direito. Essa consciência — que transcende a mera técnica — é o que distingue o bom pesquisador do verdadeiro jurista.

A publicação desta obra reafirma o papel da EMERJ como ambiente de formação de excelência, onde o pensamento crítico é estimulado e a responsabilidade institucional é cultivada. Trabalhos como este demonstram que a pesquisa jurídica, quando conduzida com seriedade e propósito, contribui não apenas para o aprimoramento do Direito, mas também para o fortalecimento da própria função jurisdicional.

Cumpre-me, pois, apenas abrir caminho para que o leitor se aventure por estas páginas. Faço minhas as palavras do Professor Newton De Lucca, no belíssimo prefácio da obra Confiança no Comércio Eletrônico e a Proteção do Consumidor, da Professora Cláudia Lima Marques, que tão bem expressam o sentimento de quem se vê honrado com missão semelhante:

> *"Bem sei que, muito provavelmente – sobretudo agora que, próximo à velhice, tornei-me um contumaz colecionador de revezes quase inverossímeis –, não terei logrado êxito. Mas, parafraseando o grande Padre Antônio Vieira, se eu não os convenci, espero, ao menos, que eu não os tenha aborrecido...".*

Respeitadas as minhas limitações, espero apenas ter conseguido lançar pequenas luzes sobre o caminho que o leitor percorrerá. Aos que se dispuserem a segui-lo, a certeza de que encontrarão uma obra relevante, densa e intelectualmente honesta — expressão legítima do compromisso de um jovem jurista com a justiça e com o Direito.

WERSON RÊGO.

Desembargador do Tribunal de Justiça do Estado do Rio de Janeiro

APRESENTAÇÃO

Organizações Criminosas, de Matheus Lisboa de Souza, nasce de uma inquietação central que deveria provocar em penalistas, juristas, e não exclusivamente do direito, em sociólogos, em criminólogos, em cientistas políticos e em políticos um grande questionamento: como compreender e enfrentar um dos fenômenos mais desafiadores para a segurança pública e para o Estado de Direito no Brasil?

O tema, que já despertara, em 1896, no Relatório Anual da Sociedade Nova-Iorquina de Prevenção ao Crime (PAOLI, Letizia; FIJNAUT, Cyrille. *Organised Crime in Europe,* Concepts, Patterns and Control policies in the European Union, Dordrecht: Springer, 2004, *p. 22.*), quando pela primeira vez se utilizou da expressão que hoje o designa, a atenção para a circunstância de que não se tratava do problema comum de que há crimes e criminosos. Havia algo mais instigante, problemático e, quiçá, tortuoso para enfrentar.

Esse lamentável papel de destaque reapareceu nas investigações conduzidas pela comissão presidida pelo Procurador-Geral Nicholas deBelleville Katzenbach, cujo relatório está disponível a quem o pretenda consultar na rede mundial de computadores, que teve o cuidado de conceituá-lo com vistas a ser um farol para guiar as ações de enfrentamento em território americano daquele tipo de acontecimento:

> *Crime organizado é uma sociedade que busca operar longe do controle do povo americano e seu governo. envolve milhares de criminosos, laborando em dentro de estruturas tão complexas quantas de qualquer grande corporação, sujeita a leis mais rigorosas que a de qualquer governo legítimo. suas ações não são impulsivas, mas, antes, o resultado de conspirações intricadas, levadas a cabo por vários anos com o intuito de alcançar o*

> *controle total de determinados campos de atividade, acumulando, assim, lucros descomunais. (The President's Commision on Law Enforcement and Administration of Justice - Katzenbach Commission, The Challenge of Crime in a Free Society, 1967).*

É neste lugar que o autor busca situar o ponto de partida de sua jornada científica. Conduzindo o leitor através de uma análise histórica e contemporânea, desde as origens da máfia italiana, passando por sua vertente nos EUA, chegando, ao fim, no processo de formação das facções brasileiras, como é o caso do chamado Comando Vermelho, especialmente observado por sua penetração na organização social do Rio de Janeiro. Matheus Lisboa procura demonstrar que, tal e qual se anteviu, esses grupos evoluíram, se sofisticaram, diversificaram ramos de atuação e, enfim, passaram a ocupar não apenas campos das atividades econômicas, lícitas ou ilícitas, usadas providencialmente para gerar recursos escusos e concomitantemente lavá-los. Eles passaram a subjugar parte do território do Estado, a atuar como verdadeiro poder paralelo, que impõe o terror de uma lei tão atroz que feudos da idade média parecem lugares bucólicos e não forma atrasada de organização social descentralizada surgida na esteira da ruína do Império Romano do Ocidente (476 d.C.).

Mais que uma descrição, que poderia ser encontrada em livros e periódicos, de ficção ou não, este livro propõe uma reflexão crítica sobre as lacunas estatais no combate ao crime organizado, destacando como a adaptação constante das organizações contrasta com a rigidez e lentidão do aparato jurídico e penal.

A obra se divide em quatro grandes eixos. Num primeiro momento cuida das "Origens e Evoluções" acompanhando o processo de transformação desses grupos em estruturas complexas e transnacionais e, tanto quanto possível, traçando paralelos entre experiências estrangeiras e realidade nacional. Em seguida debruça-se sobre "Aspectos Criminológicos" onde o perfil do criminoso, o comportamento e a estrutura organizacional desses grupos fazem de um espaço social desordenado verdadeiro ambiente criminógeno, revelando, ainda, como essa nova superestrutura molda o cotidiano social e econômico. O trabalho mergulha, então, no grande fator de incentivo à pesquisa, o "Rio de Janeiro". Tal e qual um estudo de caso aprecia a realidade de uma região que abrigou, por 197 anos, a capital do Brasil e vem enfrentando um processo massivo de deterioração econômica e social desde a transferência da capital para Brasília. Processo este que passa agora, talvez, por seu momento mais agudo, onde comunidades inteiras se encontram sob o domínio de facções, desafiando autoridades e instituições. Segundo estudos acadêmicos e reportagens jornalísticas, cerca de 1700 comunidades estão submetidas ao domínio do crime organizado no Estado do Rio de Janeiro.[1] Por fim, o trabalho chega ao "Déficit de Legitimidade do Sistema Penal" onde discute limites e falhas do poder público no enfrentamento da questão. Ali se misturam a confusão conceitual entre problemas menores como as associações criminosas e organizações criminosas, passam pelo problema da morosidade legislativa em encontrar caminhos para responder à ação dessa entidade, critica a ausência de estratégias eficazes que conjuguem múltiplas esferas de intervenção para debelar ou ao menos mitigar o problema real. Nesse aspecto empreende uma ajustada crítica à debilidade do sistema de justiça criminal diante de tamanha complexidade fática.

Em síntese, esse é o trabalho de Matheus Lisboa, que se pretende não ser apenas um estudo acadêmico. É uma obra que articula teoria e prática, doutrina e jurisprudência, o Brasil e o mundo buscando indagando o "quê" e o "porquê" de cada fato e de cada reflexão empreendida. A pretensão de responder à pergunta sobre "por qual razão o Estado falhou" e "qual caminho devemos seguir" não é alcançada, afinal, não há soluções fáceis para complexos problemas negligenciados por tanto tempo. Todavia, são perguntas que deixam em aberto a perspectiva de investigações futuras com propostas mais concretas de intervenção.

---

1 Fonte: https://www.gazetadopovo.com.br/ideias/soberania-rj-crime-controla-1700-territorios. Acesso em: 02/10/2025.

Com linguagem acessível e rigor acadêmico, Matheus Lisboa de Souza oferece uma contribuição indispensável ao debate contemporâneo sobre segurança pública, democracia e justiça. Se não é o farol que nos garante a navegação segura por águas desconhecidas, ao menos se faz lanterna. Ele nos permite desbravar a selva do desconhecido e mutável fenômeno com um único propósito, o de devolver a uma parcela significativa de nossa sociedade o direito fundamental à segurança pública, pilar básico para uma vida digna.

Rio de Janeiro, Outubro de 2025

JOSÉ MARIA PANOEIRO

Procurador da República

INTRODUÇÃO

Este livro tem como objetivo investigar e analisar o fenômeno do crime organizado, com foco especial nas organizações criminosas no Brasil. Partindo de uma contextualização ampla sobre a natureza do crime organizado e suas implicações sociais, econômicas e políticas, o estudo se propõe a explorar diferentes aspectos desse fenômeno complexo e multifacetado.

O fenômeno do crime organizado representa uma das mais graves ameaças à segurança pública e ao Estado de Direito em todo o mundo. Ao longo dos anos, as organizações criminosas têm evoluído em sua sofisticação e alcance, desafiando as instituições governamentais e as forças de segurança em uma luta incessante pelo controle de territórios e recursos. Nesse contexto, o Brasil não está imune a essa realidade, enfrentando desafios significativos no combate ao crime organizado e na proteção de seus cidadãos.

No primeiro capítulo, será apresentada a origem do conceito de organizações criminosas e sua evolução ao longo do tempo; desde as primeiras manifestações até sua forma contemporânea. Isso porque a sua definição e percepção têm influenciado diretamente as políticas de combate ao crime organizado. Será analisado como as organizações criminosas surgiram e se desenvolveram, moldando as abordagens adotadas pelas autoridades para enfrentar essa ameaça.

O segundo capítulo será voltado para os aspectos criminológicos associados às organizações criminosas. Aqui, serão detalhados os padrões de comportamento, a estrutura interna dessas entidades e como esses fatores impactam a sociedade em geral. Compreender a dinâmica interna das organizações criminosas é fundamental para o desenvolvimento de estratégias eficazes de prevenção e repressão.

O terceiro capítulo se concentrará na realidade atual do Estado do Rio de Janeiro em relação à influência e ao controle exercido por organizações criminosas em comunidades específicas. Serão investigados os territórios controlados por essas facções, os mecanismos de poder utilizados e os principais desafios enfrentados pelas autoridades na luta contra o crime organizado nessa região. Será uma análise aprofundada das dinâmicas locais que moldam o cenário da segurança pública.

Por fim, o quarto capítulo será dedicado à análise mais detalhada da realidade da Região Metropolitana do Rio de Janeiro, onde comunidades inteiras são controladas por organizações criminosas. Serão exploradas as origens dessas facções, como elas exercem seu poder sobre a população local e os impactos sociais, econômicos e políticos dessa realidade. Além disso, serão examinadas as estratégias adotadas pelo Estado para enfrentar esse desafio, buscando identificar pontos fortes e fracos nas abordagens existentes.

Por meio de uma análise crítica e multidisciplinar, este trabalho buscará contribuir para o desenvolvimento de políticas mais eficazes de prevenção e repressão ao crime organizado, bem como para o fortalecimento do Estado de Direito e da segurança pública no Brasil. Ao mesmo tempo, pretende-se promover um debate público mais amplo e informado sobre esse tema crucial para o futuro do país.

Por fim, cabe ressaltar que esta pesquisa será conduzida por meio de uma metodologia hipotético-dedutiva, com abordagem qualitativa que se baseará em uma ampla revisão bibliográfica e na análise de dados empíricos relevantes. Por meio desse rigor metodológico, serão produzidos *insights* valiosos para o entendimento e enfrentamento do crime organizado no Brasil e no mundo.

Assim, foi delineado o caminho a ser percorrido ao longo desta monografia, na esperança de contribuir de forma significativa para a compreensão e solução de um dos problemas mais urgentes e complexos da sociedade contemporânea.

CAPÍTULO 1. ORGANIZAÇÕES CRIMINOSAS, ORIGENS E SUAS EVOLUÇÕES

A presença das organizações criminosas mafiosas remonta a mais de 150 (cento e cinquenta) anos, talvez 200 (duzentos) anos. Entre o fim dos anos 700 (setecentos) e início dos anos 800 (oitocentos), ocorreram as primeiras manifestações de Organizações criminosas operantes no território meridional de da Itália, em especial Sicília, Calábria e Campagna.[2]

Desde então, essas organizações, ainda que de forma alternada, sempre estiveram presentes e operantes na dinâmica econômica do país e não só em suas regiões de origem. Elas mudaram no tempo, caminharam, expandiram, ocuparam espaços e hoje essas tais organizações criminosas viraram referência, adotaram modelos criminosos que foram tomados como exemplo por outras organizações criminosas.[3]

Imperioso se faz apontar que não é possível falar de organização criminosa, sem lembrar-se da máfia Italiana. Como de notória sabença, a Itália é um país que possui legislação dedicada ao combate ao crime organizado (à máfia), uma jurisprudência com características importantes separada do resto do ordenamento jurídico penal. .

Faz 50 anos que a Itália possui legislação antimáfica, que se foi criando com o tempo. Isso porque a Itália é um país que tem Máfia. Não se limita a sofrer a presença de organizações criminosas estruturadas, como acontece em outros países. (Ex.o setor do tráfico de drogas e de seres humanos).

---

[2] Aula Ministrada pelo Professor Enzo Ciconte. Tema: *História das Organizações Criminosas*. Curso Combate ao Crime Organizado. Academia Juris Roma: Roma. Abril de 2024.

[3] *Ibid.*

Havia uma parte mais moderna da organização criminosa "cosa Nostra" que queria tomar o poder da velha guarda, a que gerenciou a transição durante a II Guerra Mundial. Foi quando se evoluiu da organização criminosa rural para a organização criminosa das cidades. A ORCRIM "cidadã", da cidade de Palermo, começa guerrear contra as velhas famílias e faz isso de forma violenta, com muita exposição.[4]

Os velhos líderes foram mortos com autobombas: carros com explosivos. Por muitos meses, usaram essa técnica terrorista. Foi uma guerra entre bandos criminais, mas isso não tinha a ver com a sociedade de Palermo, era coisa entre bandidos.[5]

Adentrando na história, percebe-se que só um oficial dos Carabinieri, muito jovem, que trabalhava em um dos quartéis de Palermo, intuiu que talvez não era exatamente isso. Aquilo não era guerra entre quadrilhas, mas uma guerra interna de uma ORCRIM muito complexa, unitária. Além disso, era guerra de poder no interior da ORCRIM e não guerra entre grupos ou organizações diferentes.[6]

Muito se tem escrito, dito e exposto sobre o tema organizações criminosas; foco de estudo aprofundado do direito penal e processual penal. Além da doutrina, a jurisprudência tem se debruçado com maior frequência sobre o crime organizado. No entanto, em 1995, no dia 03 de maio, a Lei nº 9.034 é sancionada e passa a ser conhecida como Lei do Crime Organizado.[7]

Como se pode observar, no Brasil, desde 1995, o Legislador preocupou-se com o combate às organizações criminosas. Contudo, com o passar dos anos, os ilícitos penais vêm tomando nova forma, em

---

[4]Aula Ministrada pela Professora Michele Prestipino. Tema: *Combate ao crime organizado experiência italiana.* Curso Combate ao Crime Organizado. Academia Juris Roma: Roma. Abril de 2024.

[5] *Ibid.*

[6]Aula Ministrada pela Professora Michele Prestipino. Tema: *Combate ao crime organizado experiência italiana.* Curso Combate ao Crime Organizado. Academia Juris Roma: Roma. Abril de 2024.

[7] BRASIL. *Lei nº 9.034, de 03 de maio de 1995.* Dispõe sobre a utilização de meios operacionais para a prevenção e repressão de ações praticadas por organizações criminosas. Brasília, DF: Presidência da República, [2024]. Disponível em: https://www.planalto.gov.br/ccivil_03/LEIS/L9034.htm. Acesso em: 15 mar. 2024.

especial, o crime organizado. Ele tem se mostrado, a cada dia, mais evoluído, tecnológico, experiente, preparado, habilidoso e articulado. Forma-se, portanto, um verdadeiro poder paralelo ao Estado.

No Brasil, a primeira Organização Criminosa surgiu no ano de 1979 e, a partir daí, inúmeras começaram a se formar, a se qualificar e a se fortalecer. Essa evolução obriga, indubitavelmente, o Estado a se mobilizar de forma urgente e com ações imediatas para enfrentar os grupos criminosos que se insurgem a práticas ilícitas e proteger, por fim o bem jurídico a que se tutela.[8]

Como já exposto, no final da década de 70, surge, no Brasil, uma facção criminosa, a partir do contato de presos comuns com presos políticos. O festejado doutrinador Rogério Greco expõe em uma de suas obras:

> *O Comando Vermelho – CV – foi criado no ano de 1979, no sistema prisional Cândido Mendes, localizado na Ilha Grande, em Angra dos Reis, no estado do Rio de Janeiro. Naquela oportunidade, presos comuns, membros de uma conhecida organização criminosa chamada de "Falange Vermelha", tiveram contato com presos políticos. Esse caldo deu origem ao atual Comando Vermelho, cujo lema inicial era Paz, Justiça Social e Liberdade.*[9]

Dessa forma, é possível afirmar que os presos políticos, à época, possuíam intelectualidade bem mais avançada do que os denominados presos comuns. Em função disso, possuíam uma espécie de influência sobre estes últimos. Como exposto por César Barbosa:

> *Rapidamente criaram regras de convivência no estabelecimento prisional: o dia de visita é sagrado, o preso deve respeitar a visita de seus companheiros,*

[8] Aula Ministrada pelo Professor Enzo Ciconte. Tema: *História das Organizações Criminosas. Curso Combate ao Crime Organizado.* Academia Juris Roma: Roma. Abril de 2024.

[9] GRECO, Rogério; FREITAS, Paulo. *Organização Criminosa: Comentários à lei n. 12.850/2013.* Niterói: Impetus, 2020. p.94.

> *se tem algum problema para resolver com algum apenado deve esperar a visita acabar, dentre outras normas.*[10]

Importante ressaltar que o Estado demorou de 120 (cento e vinte) a 130 (cento e trinta) anos para perceber que eram necessários instrumentos normativos "especializados", modelados em cima das características das organizações criminosas (mafiosas). Para captar o cenário que se desenha, é necessário destacar que essas ORCRIMs sempre andaram para frente, enquanto o Estado sempre andou para trás. Atitude que ainda se faz presente nos dias atuais.

As Organizações criminosas têm um *modus operandi* e fizeram da flexibilidade e capacidade de adaptação um verdadeiro credo. O Estado "corre atrás" porque ele não tem e não pode se adaptar com a mesma flexibilidade.

A partir do exposto, é possível compreender que as organizações criminosas são as organizações sociais que se adaptaram melhor aos novos modelos de desenvolvimento econômico e aos novos fenômenos da economia. Inúmeros motivos históricos que estão na estrutura dessas ORCRIMs mafiosas explicam esse acontecimento.

Utilizando a máfia italiana como pano de fundo do que se afirma, a economia na Sicília (especificamente de Palermo que é a capital da região) era constituída da grande urbanização da cidade. O desenvolvimento econômico se dava pela construção de bairros inteiros para suprir uma exigência de moradias.

Naquele momento, Palermo mudou a planificação urbanística e se tomou uma nova cara. A *Cosa Nostra* (máfia italiana) já tinha seus construtores que estavam prontos para realizar as obras. Gente da própria ORCRIM, ou ligados a eles, orbitava em torno desse fenômeno: fornecimentos de materiais de construção e realização de construções. No período em que essas construções ocorreram, os

[10] BARBOSA, César. *As facções criminosas do RN: sangue e morte em Alcaçuz*. Natal: Offset, 2019. p.11.

líderes da *Cosa Nostra*, aqueles que criam as estratégias criminais, já tinham entendido que aquele desenvolvimento edilício teria fim e, por isso, tinham que investir em outra área. Os financiamentos públicos chegariam à Sicília para financiar outras obras.[11]

Esses líderes já tinham identificado quais seriam os setores mais rentáveis nos anos 80 e 90: o da saúde. Observando que no balanço da Sicília, que é uma região com estatuto especial, tem uma autonomia maior, o assessorado da região, na época tinha a lira.

A pasta que tinha o maior orçamento era a saúde e ali foi o terreno que usaram para fazer negócios. Os líderes da *Cosa Nostra* tinham intuído de antemão onde deviam investir. Esses chefes entenderam que o novo modelo para lavar o dinheiro e investir suas riquezas acumuladas não era investir no próprio território, mas no norte da Itália, na Europa, nos países além-oceano.[12]

Juristas e sociólogo que estudam as organizações criminosas têm esse conceito claro: quais são os elementos constitutivos do DNA mafioso. Constituem organismos sociais que colocam juntos especialistas em violência e especialistas em relação. Quais relações? Todas elas, as sociais, econômicas e até políticas. Elas vão para baixo (dizem respeito a todas as camadas da população) e vão também à direção do alto (poder político e social).

A capacidade relacional das ORCRIMs s é o elemento constitutivo mais importante das máfias e da diferença de muitas outras organizações criminosas. As outras têm como objetivo cometer delitos, enriquecer por meio do delito. Para tanto elas podem corromper qualquer um, mesmo funcionários públicos, policiais, etc. No entanto, essas ORCRIMs não têm o que as máfias têm, ou seja, a capacidade de fazer relações, o que é diferente da relação de corrupção (comprar a fidelidade de alguém). Travar relações significa inserir-se no mercado

---

[11] Aula Ministrada pelo Professor Enzo Ciconte. Tema: *História das Organizações Criminosas.* Curso Combate ao Crime Organizado. Academia Juris Roma: Roma. Abril de 2024.

[12] Aula Ministrada pelo Professor Alberto Vannucci. Tema*: Organizações criminais da corrupção dinâmicas e mecanismos.* Curso Combate ao Crime Organizado. Academia Juris Roma: Roma. Abril de 2024.

econômico, no mundo dos negócios, interagir com tudo o que se conecta ao mundo da economia.[13]

É possível dizer que os instrumentos de lei chegaram tarde, hoje existe um mecanismo idôneo para atacar as organizações criminosas. Muitos países da Europa, por exemplo, se interessam pela presença das organizações criminosas existentes na Itália e, portanto, o modelo já existente de como combater essas máfias. A legislação antimáfia tem algumas características, quais sejam:

Primeiro, é uma legislação viva, totalmente atual. Ela cresce, altera-se e evolui ao longo dos anos. Os penalistas e acadêmicos, quando falam das instituições penais, gostariam de indicar características a estabilidade.

A norma penal é a que reflete o senso comum da sociedade e, portanto, devem gozar de estabilidade. No entanto, a legislação de combate ao crime organizado se modifica, evolui, e é alvo de muitas intervenções normativas. Dessa forma, ela se tornou cada vez mais adaptada e eficaz ao que se descobria sobre as ORCRIMs. Assim, era possível otimizar os instrumentos de intervenção à realidade que se tinha. Essa legislação está atualizada e é objeto de extratificação rotineira.[14]

Há, ainda. outra característica técnica da ciência penal que demonstra como o sistema penalístico se mantém. A legislação penalística é um banco de prova importante.

Diante de fenômenos excepcionais e dramáticos, a legislação de combate à organização criminosa precisa enfrentar situações de exceções as quais aparecem dentro da Constituição e dos Direitos Humanos. É necessário encontrar um ponto de equilíbrio entre a exigência de proteger a sociedade frente a um fenômeno dramático e o respeito aos princípios constitucionais.

---

[13] *Ibid.*

[14] Aula Ministrada pelo Professor Alberto Vannucci. Tema: *Organizações criminais da corrupção dinâmicas e mecanismos*. Curso Combate ao Crime Organizado. Academia Juris Roma: Roma. Abril de 2024.

É notório que não se está tratando de uma legislação como todas as outras: sem retórica. É uma legislação pela qual se pagou um preço em sangue, ou seja, a vida de servidores públicos - agentes da polícia e da magistratura - políticos, homens das instituições. A discussão sobre crime organizado remete necessariamente a essa origem. Caso contrário, corre-se o risco de abstrair o dado técnico e afastá-lo do substrato que o gerou.

A cada dia o crime organizado evolui de alguma forma. Existem associações criminosas que se unem para cometer ilícitos, já as organizações criminosas não existem só para cometer crimes, mas também para influenciar e controlar atividades lícitas. Assim, pode-se remeter novamente às ORCRIMs Italianas: um dos objetivos da máfia italiana nos anos 60 era adquirir atividades econômicas lícitas e condicionar o exercício do voto.[15]

Sabe-se que adquirir uma empresa não é atividade ilícita, todos no mercado fazem isso. Tentar influenciar o voto da população também não é crime por si só. No entanto, pode se tornar crime dependendo de como se conduz o processo. O que deve ser observado não é o objetivo da organização, mas o método com que esse objetivo é perseguido.

Até então se conhecia as ORCRIMs que se constituíam apenas para cumprir com as atividades criminosas. Agora a organização também objetiva o lícito, o qual é realizado por método criminoso. Esse método não se constitui apenas de violência ou ameaça. Sabe-se que apenas isso, já seria crime. O método das organizações criminosas também evoluiu e se concretizou no exercício de uma força de intimidação que não precisa desembocar numa violência ou ameaça; atos em relação ao qual uma parte da população logo entende que existe a possibilidade de ser vítima de violência ou ameaça. Portanto, a questão é a capacidade de exercer violência e de fazer relação, não é o

---

15 *Ibid.*

exercício da violência em si. O uso da violência é *extrema ratio*, só quando não se consegue utilizar outro instrumento.

Outro ponto a ser observado é o fato de que a ORCRIMs não recorre à violência, uma vez que esta gera consequências (tensão, repressão do Estado, etc.). Dessa forma, do ponto de vista penalístico, tem-se apenas um crime: a associação criminosa. Em todos os ordenamentos existe um tipo penal que incrimina quem se associa para cometer crimes, que pune quem constitui uma associação para cometer um programa de crimes.[16]

Esse tipo penal, contudo, não abrange toda a área do agir criminal das organizações criminosas, dada a sua evolução, pois não se consegue punir as hipóteses em que a ORCRIM persegue a atividade lícita com o método criminoso. Então, teve que se introduzir um novo tipo penal associativo no qual o que importa do ponto de vista penalístico não é o objetivo, mas o método.

As evoluções das organizações criminosas permitiram a legislação avançar. Houve, assim, a necessidade de direcionar o olhar também para o patrimônio desses membros; bens que se acumularam com as atividades criminosas.[17] O patrimônio construído por eles passou a ser o foco a ser combatido. Dessa forma, o dano passa a ser irreversível à criminalidade. Prova de que o Estado é mais forte que as ORCRIMs, mesmo em seu próprio território.

Ressalta-se que, no Brasil, ainda não se avançou nesse aspecto tanto quanto se deveria. A exemplo disso, tem-se a Itália que possui uma legislação específica para perdimento de bens sem sentença penal condenatória, o chamado perdimento penal alargado, procedimento feito como medida de segurança; Essa lei possui grandiosa eficácia no citado País.

---

[16]Aula Ministrada pela Professora Anna Sergi Tema: *Organizações criminais, emigração e internacionalização.* Curso Combate ao Crime Organizado. Academia Juris Roma: Roma. Abril de 2024.

[17] *Ibid.*

No Brasil, o perdimento só existe quando comprovado que o bem era objeto de ilicitude, e, ainda sim, somente após a sentença penal condenatória com o trânsito em julgado.

No entanto, ainda que não haja tanta evolução quanto necessária nesse aspecto, o Brasil já avançou bastante. Atualmente, o juiz nomeia um administrador judicial que toma posse de todos os bens. Assim, esse administrador goza de poder suficiente para gerir os bens da forma mais conveniente possível, durante todo o processo penal. Ressalta-se que é mister, nesse caso, a prestação de contas ao Magistrado.

Nesse aspecto, faz-se necessária a retomada à Itália e sua evolução no processo de perdimento de bens. Nesse país, entre o sequestro sem condenação e o perdimento alargado tem-se o sequestro provisório de 5 (cinco) bilhões de euro; o sequestro cautelar provisório de 15.000 (quinze mil) imóveis (apartamentos e terrenos) e 1.500 (mil e quinhentas) empresas. Tem-se com perdimento definitivo, já de propriedade do Estado, 30.000 (trinta mil) imóveis.[18]

O que acontece com o que se confisca na Itália? O dinheiro fica com o Estado, naturalmente. Os bens móveis (quadros, joias) são vendidos, garantindo que não sejam readquiridos pelos próprios membros das organizações criminosas e seus laranjas. Os bens móveis registrados (carros, aviões, barcos) são confiscados ou entregues para: as forças de polícia; as procuradorias ou as associações de voluntariados. Também podem ser vendidos, mas o mais importante é ter cuidado para que os próprios membros das organizações criminosas não os adquiram novamente.

A procuradoria nacional antimáfia faz investigações sobre quem está comprando o bem. Há uma agência nacional para bens sequestrados e, quem decide, são os representantes desse Ministério.[19] Os bens imóveis são destinados tanto para finalidades sociais, quanto

---

[18] Aula Ministrada pelo Professor Enzo Ciconte. Tema: *História das Organizações Criminosas.* Curso Combate ao Crime Organizado. Academia Juris Roma: Roma. Abril de 2024.

[19] Aula Ministrada pela Professora Anna Sergi Tema: *Organizações criminais, emigração e internacionalização.* Curso Combate ao Crime Organizado. Academia Juris Roma: Roma. Abril de 2024.

para Prefeitura, Estado ou Município construírem escolas, postos de saúde, abrigos de acolhimentos, etc. A Escola Superior da Magistratura é exemplo disso, já que sua sede foi constituída em um bem confiscado na Piazza Navona. Os terrenos são dados para jovens que criam cooperativas para trabalhar em tal terreno.[20]

O interesse geral de agilizar o perdimento dos bens está voltado para atingir o patrimônio e não a liberdade pessoal. Quando se fala de liberdade pessoal não há atalhos, nem presunções. Quando se fala de patrimônio isso sim é possível.

Muito se tem discutido sobre o conceito de ordem pública. No entanto, o perdimento de bens não deve ser voltado para segurança nacional, mas para a segurança dos cidadãos, ou seja, o afastamento de atividades criminosas ou ilícitas. Isso porque, em todo caso é necessário haver um crime, uma conduta descrita de forma clara. É necessário que o ordenamento considere grave e, assim, vá de encontro à ordem pública. O debate não deve estar voltado para o conceito de ordem pública do ponto de vista da segurança. É preciso levar em conta a proteção dos cidadãos.

Se, contudo, nos anos anteriores, era fácil confiscar, com o passar do tempo, criminosos sofisticaram as práticas de esconder o patrimônio, principalmente por meio de criptomoedas. Essa é mais uma avançada estratégia, que necessita de novos mecanismos de coerção.

Diante de fenômenos excepcionais e dramáticos, a legislação de combate ao crime organizado é necessariamente para forçar, ou ao menos para tentar, pois precisa enfrentar situações que forçam. É necessário colocar essas exceções dentro da Constituição e dos Direitos Humanos. Nota-se que é fundamental um ponto de equilíbrio entre as

---

[20] Aula Ministrada pelo Professor Francesco Menditto. Tema: *Medidas de prevenção: sequestro e confisco dos bens da criminalidade organizada.* Curso Combate ao Crime Organizado. Academia Juris Roma: Roma. Abril de 2024.

várias exigências: proteger a sociedade frente a um fenômeno dramático e respeitar os princípios constitucionais.[21]

A inserção de mulheres como membros das organizações criminosas também constitui significativo avanço do crime organizado. Não é segredo que, em que pesem os hercúleos esforços, ainda impera a virilidade potente em contraste com a feminilidade subalterna. No ambiente mafioso, essa subalternidade feminina e poder hierárquico masculino são elevados ao paroxismo.

Do ponto de vista social, isso é considerado natural, mas, no da máfia, as mulheres são as guardiãs culturais do ordenamento mafioso. Isso significa dizer que são as mulheres que transmitem os valores e não valores da máfia. Sem elas, a máfia não pode existir, porque não tem capacidade de transmitir os não valores criminosos sobre os quais se funda, pois é um fenômeno criminal e sobretudo cultural. As organizações criminosas não devem ser lidas como uma matriz profunda da identidade das pessoas.[22]

As mulheres são guardiãs da ordem criminosa e ali os homens não aparecem, porque eles estão presos ou foragidos. Eles não podem mostrar visivelmente sua presença e então as mulheres que contam para os filhos o poder desses pais que estão ausentes. É o contar uma fábula que não existe, a potência, a virilidade, a dignidade e a honra, conforme aqueles parâmetros.

Então as mulheres são muito valorizadas no cenário mafioso, porque, sem elas, essa transmissão do saber não acontece. As mulheres transmitem o valor masculino e também a subalternidade feminina.[23] Em outras palavras, é como se um escravo explicasse aos próprios

---

[21]Aula Ministrada pelo Professor Francesco Menditto. Tema: *Medidas de prevenção: sequestro e confisco dos bens da criminalidade organizada.* Curso Combate ao Crime Organizado. Academia Juris Roma: Roma. Abril de 2024.

[22] Aula Ministrada pela Professora Paola Di Nicola Travaglini Tema: *O Papel das Mulheres nas organizações criminosas.* Curso Combate ao Crime Organizado. Academia Juris Roma: Roma. Abril de 2024.

[23]Aula Ministrada pela Professora Paola Di Nicola Travaglini Tema: *O Papel das Mulheres nas organizações criminosas.* Curso Combate ao Crime Organizado. Academia Juris Roma: Roma. Abril de 2024.

filhos como é importante ser escravo e como é linda a escravidão. Do ponto de vista cultural e psicológico, explicar a própria inferioridade incide sobre a identidade da mulher. Sobre isso se funda a máfia. Elas valem só enquanto são escravas e submissas ao poder masculino. A mulher e a máfia sempre foram contadas pelo homem, isso, em todo o Mundo.

As mulheres foram e são titulares do mais relevante patrimônio criminal. Elas são testa de ferro (laranja) das empresas criminais. Dessa forma, o patrimônio não era sequestrado porque pertencia às mulheres. Havia o entendimento de que por trás desse patrimônio não existia estrutura mafiosa e, assim, desnecessário o sequestro de bens. Esse entendimento sobre as mulheres implicou efeito devastante no combate ao fenômeno criminoso.[24]

Atualmente, o cenário é bastante diferente, a mulher tem papel cada vez mais atuante, porque os líderes das grandes organizações criminosas mandam suas filhas para as melhores universidades e elas gerenciam todo o patrimônio.[25] Isso é mais uma demonstração de evolução do crime organizado.

A corrupção dinâmica e os mecanismos perpetrados pelas organizações criminosas é atualmente a maior evolução de todas. Os países com maior percepção de corrupção são os mais pobres, onde há menos riqueza ou a riqueza é distribuída de forma mais desigual. Mais corrupção significa mais ineficiência do aparato burocrático, no qual a administração pública responde mais lentamente e com mais complexidade.[26] É um procedimento mais distorcido, lento, quanto mais corrupção, menos confiança em todas as instituições públicas.

A corrupção é uma espécie de imã que atrai e cria a oportunidade para as organizações criminosas fazerem negócios e aí a ORCRIM elabora as condições para que a corrupção ocorra de forma mais eficaz.

---

[24] *Ibid.*
[25] *Ibid.*
[26] Aula Ministrada pelo Professor Enzo Ciconte. Tema: *História das Organizações Criminosas*. Curso Combate ao Crime Organizado. Academia Juris Roma: Roma. Abril de 2024.

Assim se unem os interesses dos atores criminais, políticos: costura difícil de se dissolver.

Quando a ORCRIM entra na corrupção sistêmica, ela passa a coordenar a atividade ilegal.

As organizações criminosas podem se corromper e geralmente há esse interesse. Aliás, a estratégia vencedora é cada vez mais não recorrer à intimidação, mas, tentar o acordo, a colusão, obter lucro e impunidade criando o mínimo de alarme social. Quando a ORCRIM elimina fisicamente alguém, isso cria reação da opinião pública e do Estado. Tudo é corrompido na sombra. Ressalta-se que isso é apenas um pedaço da história. Muitas vezes a ORCRIM não está apenas na função de corrupta, mas de reguladora dos circuitos de corrupção pré-existente. Eles se colocam a serviço do esquema e oferece proteção, garantia da adimplência. É preciso enfatizar que onde existe o sujeito mafioso todos os acordos tratados são respeitados.

A realidade é que se estar diante de um cruzamento no qual política, economia e criminalidade convivem entre si. Há um fenômeno criminal, mas também cultural, social e econômico.

É preciso expor que os líderes de grandes organizações criminosas são historicamente muito bons em se aproveitar do capital social. Assim como em outros capitais, eles são bons em investir nisso, o que significa construir relações.[27]

O capital social independe tanto das redes de relações em que se está inserido quanto da forma como me vinculo a outros atores. Se há vínculo com outros atores que também são dotados de grande capital social, o capital social passa a valer mais. Os membros de evoluídas organizações criminosas são bons em selecionar os vínculos importantes no campo econômico e político e também em se aproveitar desses vínculos. Eles são bons em converter o capital social em capital econômico. Essas duas vertentes — violência e capital social

[27] Aula Ministrada pelo Professor Enzo Ciconte. Tema: *História das Organizações Criminosas*. Curso Combate ao Crime Organizado. Academia Juris Roma: Roma. Abril de 2024.

— são importantes para o sucesso econômico desses membros. Eles conseguem fazer economia com violência e isso não é algo tão evidente.

A violência de que as ORCRIMs são portadoras é definida na literatura científica como uma violência de relação. É ligada ao capital social. Isso porque não é sempre a violência que destrói a relação.[28] A primeira coisa que se pensa é a violência que destrói vínculos, que cria danos à pessoa. No entanto, a violência do mafioso em muitos casos constrói relações, as quais servem para empregar na atividade econômica. Experientes, eles se valem das suas relações para desenvolver atividades empresariais.

É plenamente possível afirmar que os membros da ORCRIMs estão cada vez mais presentes na economia; seu sucesso se faz por meio do aproveitamento dos recursos não só no nível econômico como também no nível extra econômicos: o capital social.

Há atores muito diferentes: criminosos, empresários, políticos, funcionários públicos, técnicos. Não há um catálogo específico, pode haver magistrados, promotores e procuradores de justiça, policiais; estes variam de acordo com os casos e contextos.[29]

Essa evolução das organizações criminosas traz consigo uma maior dificuldade de combate, uma vez que se têm atores diferentes entre si. Isso tem relação com a estratégia de combate. É diferente combater contra uma área homogênea e uma heterogênea. Atores diferentes têm objetivos diferentes, embora complementares. Há os que só querem o lucro, os que querem ser reeleito, como os políticos e há quem deseja acessar um bem particular. Então, as metas e objetivos são diferentes.

---

[28] Aula Ministrada pelo Professor Alberto Vannucci. Tema: *Organizações criminais da corrupção dinâmicas e mecanismos.* Curso Combate ao Crime Organizado. Academia Juris Roma: Roma. Abril de 2024.

[29] Aula Ministrada pelo Professor Alberto Vannucci. Tema: *Organizações criminais da corrupção dinâmicas e mecanismos.* Curso Combate ao Crime Organizado. Academia Juris Roma: Roma. Abril de 2024.

Os crimes cibernéticos são outra evolução das organizações criminosas atualmente. Da parte da literatura jurídica e sociológica esse tema não foi muito aprofundado. Apesar do grande interesse pelo tema, faltam contribuições científicas. É imperativo que se levante a seguinte questão: como muda o conceito sociológico de ORCRIM quando se desloca para internet?

Apenas uma rápida explicação para se entender essa evolução. A passagem de duas dimensões para três dimensões aumenta a possibilidade de movimento. Assim, a internet não cria uma realidade alternativa, mas aumenta a possibilidade de ação dos seres humanos. Os usos das tecnologias digitais viraram um fato social global. A sociedade se vincula, cada vez mais, à internet. É possível conversar com pessoas que estão longe, procurar novos trabalhos, procurar informações na Web.[30] Então boa parte da vida em sociedade passou para o *on-line*. A *web* não é um espaço que pode ser controlado de forma central, até porque os protocolos de navegação são livres.

Há vários sujeitos que participam da *Governance*. A presença na web é imaterial: por dados. A *web* é um grande arquivo onde circulam informações e dados. Um espaço inteiramente antropocêntrico, por ser criado pelo homem e em que é possível se mover no interior com muita facilidade. Pode-se passar com um click de uma plataforma para outra, de um fórum para outro com temáticas totalmente diferentes. Essas são as características do ciberespaço.[31]

Por óbvias razões, o ciberespaço propiciou novas oportunidades para a criminalidade. As fraudes, hoje, são cometidas especialmente com a técnica do *fishing*, envio de e-mails que pedem para as pessoas inserirem seus dados pessoais de forma fraudulenta. Com o desenvolvimento da inteligência artificial, esse mecanismo terá aumento exponencial. Imagens e vídeos hiper-realistas que faz parecer

[30] Aula Ministrada pelo Professor Lorenzo Picarella. Tema: *Cyber crime e organizações criminosas.* Curso Combate ao Crime Organizado. Academia Juris Roma: Roma. Abril de 2024.

[31] Aula Ministrada pelo Professor Lorenzo Picarella. Tema: *Cyber crime e organizações criminosas.* Curso Combate ao Crime Organizado. Academia Juris Roma: Roma. Abril de 2024.

que pessoas disseram aquilo que nunca disseram. Além disso, assim como se usa a *web* para socializar, os criminosos também a usa como arena para encontrar novos parceiros e obter informações sobre como cometer crimes.[32]

Em alguns fóruns, há tutoriais sobre como organizar um ataque *hacker*. Também é possível receber ali motivações que instiguem o propósito do usuário para cometer crimes. Também há o estímulo ao anonimato. Há também *softwares* não indexado pelos motores de pesquisa que se pode acessar só com programas específicos.[33] A utilização de celulares criptografados torna a interceptação telefônica ou ambiental muito mais complexa. Isso incentiva os criminosos a deslocar para o *on-line* porque há mais segurança para não cair na persecução judicial.

A evolução das tecnologias digitais, nos últimos quinze anos, contribuiu também para a diminuição de barreiras e, consequentemente, o aparecimento do "cibercriminoso". As habilidades necessárias hoje para ser um hacker se reduziram vertiginosamente. Hoje os *softwares* são criados de forma mais intuitivas, os usuários sem muita experiência já conseguem utilizá-los. O custo para uso dessa tecnologia também foi se reduzindo, o que facilitou seu acesso.

Além do anonimato e alcance global, a capacidade de fiscalização se fragilizou e, na mesma esteira, o problema do limite de jurisdição, conflito de competência e assimetria normativa.

O ciberespaço não oferece só oportunidades, mas também obstáculos aos criminosos. Se, por um lado, o anonimato favorece certo nível de segurança, por outro, gera incerteza para a cooperação

---

[32] *Ibid.*

[33] Aula Ministrada pelo Professor Lorenzo Picarella. Tema: *Cyber crime e organizações criminosas*. Curso Combate ao Crime Organizado. Academia Juris Roma: Roma. Abril de 2024.

com outro sujeito na *web*. Normalmente nos ambientes criminosos isso é muito instável.[34]

Na sociologia, muito se pergunta por que as pessoas cooperam. A resposta principal é a confiança. Nos mercados legais, há toda uma série de soluções para as pessoas cooperarem de forma segura, para que tenha confiança entre as partes. Se tem a possibilidade de estipular contratos protegidos no sistema judicial. A reputação dos atores econômicos pode ser pego em fontes confiáveis.

No ambiente virtual, as pessoas mudam de lugar, escapam da repressão da polícia e, por isso, é mais difícil organizar e punir. O ciberespaço tem ainda o problema do anonimato, uma vez que não se sabe com quem se está falando. A interface é um *"nickname"*, um apelido e uma imagem. Não se sabe nada a mais do parceiro criminoso. Apesar dessas dificuldades, a criminalidade coopera por meio de vários mecanismos.[35]

No mundo do cibercrime, uma das formas de cooperar é cometer crimes juntos para adquirir informações criminosas e poder chantagear, o que aumenta a confiança do criminoso. Se a cooperação continua no tempo, eles podem deslocar a interação também para o mundo físico e isso aumenta a confiança.[36] Dessa forma, o risco aumenta e a cooperação diminui. Esse tema vale tanto para a criminalidade *on-line*, como também para a tradicional.

Remontando-se à Itália, a Ex., Tommaso Buscetta, um dos históricos colaboradores de justiça de *Cosa Nostra*, referindo-se à falta de confiança, diz: se quiserem colocar em dificuldade uma ORCRIM, sequestrem uma carga de droga e não contem para ninguém. Eles começarão a suspeitar um do outro e a cooperação se quebrará de forma definitiva; a falta de confiança imperará.

---

[34] Aula Ministrada pelo Professor Lorenzo Picarella. Tema: *Cyber crime e organizações criminosas.* Curso Combate ao Crime Organizado. Academia Juris Roma: Roma. Abril de 2024.

[35] *Ibid.*

[36] *Ibid.*

As ORCRIMs cibernéticas são um tipo de criminalidade muito diferente, com organizações distintas. Os grupos que operam *on-line* tendem a ser menos estruturados, mais efêmeros e as relações precisam ser mais horizontais e com traços transnacionais. Já os grupos físicos são mais estruturados inclusive hierarquicamente e além de assumirem uma dimensão nacional também duram mais no tempo.

Como as motivações são diferentes, – pedofilia é preferência sexual, *phishing* é lucro e, no caso da ORCRIM, poder territorial de regular o mercado local – as estratégias repressivas precisam ser diferentes também.[37]

O problema fundamental que se faz presente no ciberespaço é que, diferentemente do mundo físico, há uma fluidez maior. As trocas ilícitas (de material pornográfico, ataques *hacker* e discussões políticas) constituem espaço de ação da criminalidade. Alguns desses *sites* constituem também a estrutura da ORCRIM.[38]

As organizações criminosas, em sua grande maioria, caracterizam-se pela estreita relação que possuem com empresários e políticos. Assim, se explica como, ainda hoje, conseguem evoluir rapidamente e trazer consigo diversos dramas jurídicos.

O sistema jurídico processual-penal carioca ainda caminha lentamente quando se trata do exato conceito de crime organizado. Aqui, ao contrário de outros Estados e do âmbito federal, que conta com mais de duas décadas de atuação neste universo especializado, os atores jurídicos ainda não distinguem com exatidão crime organizado, associação criminosa e/ou da associação criminosa para fins de tráfico, causando a sensação de revogação dos dois últimos. A impressão hoje é de superveniência do que a doutrina convencionou chamar Banalização do Conceito de Organização Criminosa[39].

---

[37] *Ibid.*

[38] Aula Ministrada pelo Professor Lorenzo Picarella. Tema: *Cyber crime e organizações criminosas*. Curso Combate ao Crime Organizado. Academia Juris Roma: Roma. Abril de 2024.

[39] CONJUR. *A banalização do conceito de organização criminosa*. Disponível em: https://www.conjur.com.br/2021-jan-31/opiniao-banalizacao-conceito-organizacao-criminosa. Acesso em: 28 abr. 2024.

Sobre a banalização, Luiz Flávio Gomes alertou, nos primórdios da chegada da nova legislação, sobre os pressupostos necessários para caracterização de uma ORCRIM:

> *Não se pode banalizar o conceito de crime organizado que, com frequência, conta com planejamento 'empresarial', embora isso não seja rigorosamente necessário. Não há como confundir esse planejamento com o mero programa delinquencial (que está presente em praticamente todos os crimes dolosos). A presença de itens do planejamento empresarial (controle de custos das atividades necessárias, recrutamento controlado de pessoal, modalidade do programa, controle de fluxo de caixa, de pessoal e de 'mercadorias' ou 'serviços', planejamento de itinerários, divisão de tarefas, divisão de territórios, contatos com autoridade etc.) constitui indício do crime organizado.*[40]

No mesmo sentido, Nucci pontua na seguinte passagem: "é preciso não generalizar, pois muitas associações criminosas (art. 288, CP) estão sendo indevidamente tratadas como organizações criminosas".[41]

No Rio de Janeiro, o Desembargador Paulo Rangel, ao julgar o caso do Juízo da 3ª Vara especializada em organizações criminosas, enfrentou igualmente o tema tal como prova o seguinte trecho da sua ementa:

> *[...] é sabido que a CONFUSÃO CONCEITUAL ENTRE ASSOCIAÇÃO CRIMINOSA E ORGANIZAÇÃO CRIMINOSA É BASTANTE COMUM, visto que, tanto o delito previsto no artigo 288 do CP, como o crime descrito no artigo 2º da lei 12.850, são tipos penais cuja confluência é a reunião, a união, a congregação de pessoas, com estabilidade, permanência, visando à prática de infrações penais. conquanto ambas as figuras demandem uma união*

---

[40] GOMEZ, Luiz Flávio. *Leis Penais Comentadas.* Rio de Janeiro: Juruá, 2018. p. 170-171.
[41] NUCCI, Guilherme de Souza. *Organização Criminosa.* 5. ed. Rio de Janeiro: Forense, 2020. p.19.

> *permanente ou perdurável de pessoas, o crime de organização criminosa apresenta uma maior complexidade do atuar. criminoso, com um agrupamento de indivíduos ajustado de maneira ordenada, sempre com observância da hierarquia e com propósito comum [...].*[42]

A caracterização de uma ORCRIM não se perfaz com a reunião de quatro ou mais pessoas, ela exige mais. Exige-se "um conjunto de pessoas estabelecido de maneira organizada, significando alguma forma de hierarquia (superiores e subordinados)[43]", não se imaginando "uma organização criminosa se inexistir um escalonamento, permitindo ascensão no âmbito interno, com chefia e chefiados44". Nesse sentido:

> *Organização criminosa não é uma simples reunião de pessoas que resolvem praticar alguns crimes, e tampouco a ciente e voluntária reunião de algumas pessoas para a prática de determinados crimes, cuja previsão consta de nossos códigos penais, não passando do conhecido concurso eventual de pessoas (art. 29 do CP).*[45]

Qualquer estrutura carente dos elementares do tipo não poderá ser classificada como Organização Criminosa para efeitos de tipificação, pois é evidente a carência do animus de permanência, em caráter empresarial e de reiteração criminosa como meio duradouro de se obter frutos do injusto penal.

Toda essa exposição apontada é prova de que a evolução do crime organizado trouxe consigo liames tão numerosos que, hoje, é

---

42 BRASIL. Tribunal de Justiça do Estado do Rio de Janeiro. (3. Câmara). *Conflito de Competência 0047472-89.2023.8.19.0000.* Ação Penal - Procedimento Ordinário. Relator: Des. Paulo Sergio Rangel do Nascimento, 15 de agosto de 2023. Disponível em: https://www3.tjrj.jus.br/gedcacheweb/default.aspx?UZIP=1&GEDID=0004119E6BC0565 0E01A97045399B03F791FC51511346007&USER=. Acesso em: 23 abr.2024.

43 NUCCI, ref., p. 4.

44 *Ibid.*

45 BITENCOURT. Cezar Roberto. *Comentários à Lei de Organização Criminosa.* São Paulo: Saraiva, 2014. p. 26.

comum a confusão dos conceitos se organização criminosa e associação criminosa, dada a velocidade de avanço do crime organizado.

No Estado do Rio de Janeiro, é notória a atuação de determinadas estruturas criminosas como verdadeiras frações paralelas. Para obter vantagens financeiras, utilizam diversos meios como o constrangimento de comerciantes, a exploração de gás, interferência nos transportes públicos, na venda de água, no famigerado gatonet, etc.

A questão situa-se na grande dificuldade, inclusive doutrinária, de estabelecer e comprovar exatamente os conceitos de "organização paramilitar, milícia particular, grupo ou esquadrão."

O conceito deste tipo de associação criminosa possui contornos imprecisos e cheios de relativismos, fato que exige do aparato estatal investigatório aprofundamento. Infelizmente não adotado na esmagadora maioria dos casos apurados, onde se denota-se cômoda tendência de lavrar APFs, pelo menos nos crimes associativos (caso típico do art. 288-A do CP), manejando elasticidade ilegal para ajeitar ações vagas aos pressupostos normativos em franca desobediência ao princípio da reserva legal.

> *Essa explanação apresenta-se necessária porque as organizações criminosas são das maiores ameaças à democracia e ao Estado de Direito. Essas insurgências criminais vivem da coação e da opressão à população e atuam nas brechas do Estado, assumindo o controle das comunidades de sorte a deixá-las subordinadas às suas determinações.*

O juiz, como se sabe, não pode ser mero fotógrafo normativo. Não pode se contentar, porque a maioria dos operadores do direito assim o fazem, com a mera adequação da norma jurídica ao caso concreto. Indícios, infelizmente, estão sendo confundidos cotidianamente com presunções, distinguindo-os magistralmente do saudoso Magalhães Noronha:

> *Indício é um fato, ao passo que presunção encontra sua fonte na experiência; noutras palavras, o indício é uma circunstância certa e que se realizou; ao passo que na presunção considera-se como realizado um fato não provado, fundando-se, entretanto, na experiência.*[46]

Para tanto, a jurisprudência do Superior Tribunal de Justiça e dos demais Tribunais Estaduais tem se pavimentado da seguinte forma:

> *para caracterização do delito de associação criminosa, indispensável a demonstração de estabilidade e permanência do grupo formado por três ou mais pessoas, além do elemento subjetivo especial consiste no ajuste prévio entre os membros com a finalidade específica de cometer crimes indeterminados. Ausentes tais requisitos, restará configurado apenas o concurso eventual de agentes, e não o crime autônomo do art. 288 do Código Penal.*[47]

Bem como os seguintes julgados:

> *APELAÇÕES CRIMINAIS. ARTIGOS 180 E 288-A DO CÓDIGO PENAL E ARTS. 16 (3X) e 16, §1º, INCISO III DA LEI 10.826/2003 N/F DO ARTIGO 70, DP CÓDIGO PENAL. PENAS DE 13 (TREZE) ANOS, 1(UM) MÊS E 15 (QUINZE) DIAS DE RECLUSÃO E 107 (CENTO E SETE) DIAS-MULTA PARA O RÉU CESAR E 10 (DEZ) ANOS, 7 (SETE) MESES E 15 (QUINZE) DIAS DE RECLUSÃO E 72 (SETENTA E DOIS) DIAS-MULTA PARA TIAGO. REGIME FECHADO. ABSOLVIÇÃO DO CRIME DE*

---

[46] NORONHA, Magalhães. *Curso de Direito Processual Penal.* São Paulo: Saraiva. 1978. p. 132.

[47] BRASIL. Superior Tribunal de Justiça. (6. Turma). *Habeas Corpus 374515/MS*. Penal. Processual Penal. Habeas corpus. Associação criminosa. Trancamento da ação penal. Inépcia. Elementos objetivo e subjetivo especial do tipo. Descrição insuficiente. Falta de justa causa. Ausência de elementos mínimos a revelar autoria e materialidade. Demonstração. Relatora: Min. Maria Thereza de Assis Moura, 14 de março de 2017. Disponível em:https://scon.stj.jus.br/SCON/pesquisar.jsp?i=1&b=ACOR&livre=((%27HC%27.clap.+e+@num=%27374515%27)+ou+(%27HC%27+adj+%27374515%27).suce.)&thesaurus=JURIDICO&fr=veja. Acesso em: 26 abr.2024.

MILÍCIA ARMADA. POR FRAGILIDADE PROBATÓRIA. Apelantes que foram denunciados por integrarem milícia particular sob o comando do vulgo "Macaquinho", com a finalidade da prática de crimes de receptação de veículo roubado, porte ilegal de arma de fogo de uso permitido e proibido dentre outros crimes. Acusados que foram flagrados em carro produto de crime, transportando armamentos e munições de calibres pesados em área de milícia, não havendo dúvidas de que ambos os réus sabiam do transporte do armamento, inclusive, com kit rajada, e do rádio transmissor, e que o local em que foram presos é área de domínio miliciano, comandado pelo vulgo "Macaquinho". Entretanto, para caracterização do delito do artigo 288-A do CP, deve haver estabilidade e permanência entre os integrantes, da mesma forma como ocorre na associação criminosa, ou do contrário, estaríamos diante de mero concurso de pessoas. In casu, não há prova cabal de que os réus estivessem associados de forma permanente e estável entre si e com os demais integrantes da milícia privada, muito embora os policiais tenham afirmado que os acusados confessaram extrajudicialmente que trabalhavam para "Macaquinho", chefe da milícia local. Valor probante do depoimento das testemunhas policiais que não se discute, mas os depoimentos em juízo não se prestaram a confirmar ou corroborar a tese acusatória no sentido da autoria delitiva. Não restou evidenciado, de modo inconteste, o ajuste criminoso, com estabilidade e permanência, entre os acusados e nem com os demais elementos pertencentes à malta. Não houve qualquer outro procedimento investigativo que pudesse consolidar a vinculação subjetiva entre eles. Não basta a mera referência, ainda que possível, no sentido de ser utilizado o bairro citado na exordial como local de atuação da mencionada milícia privada e que os acusados nela atuavam, redundando na presunção de certeza da respectiva vinculação subjetiva dos recorrentes, de forma estável e permanente, àquela atividade criminosa. É certo que os réus foram presos transportando em um veículo produto de roubo, armas de grosso calibre e munições, além de um rádio transmissor, em local dominado por milícia privada. Entretanto, não restou a prova do vínculo associativo permanente entre os mesmos e integrantes da organização criminosa. Pertinência do princípio in dubio pro reo. Dosimetria. Com a absolvição do delito do artigo 288 do CP, decota-se o quantum de 6 anos e 6 meses aplicado ao réu Cesar, passando sua pena a 7 (sete) anos 1 (um) mês e 15 (quinze) dias de reclusão, além do pagamento de 107 (cento e sete) dias-multa. Mantido o regime fechado diante de sua reincidência. Para o réu Tiago, decotando da condenação a pena arbitrada em 6 (seis) anos de reclusão pelo delito do artigo 288-A do CP, repousa definitivamente sua reprimenda final em 4 (quatro) anos, 9 (nove) meses

> *e 15 (quinze) dias de reclusão, além de 72 (setenta e dois) dias-multa. Regime de pena que deve ser abrandado para o semiaberto a teor do artigo 33, § 2º, "b" do Código Penal. Recurso CONHECIDO e PROVIDO para ABSOLVER os ora apelantes da prática do delito do artigo 288-A do Código Penal, passando a reprimenda final de CESAR JUNIOR DE OLIVEIRA, a 7 (sete) anos 1 (um) mês e 15 (quinze) dias de reclusão, além do pagamento de 107 (cento e sete) dias-multa e do réu TIAGO REIS DA SILVA, a 4 (quatro) anos, 9 (nove) meses e 15 (quinze) dias de reclusão, além do pagamento de 72 (setenta e dois) dias-multa, abrandando o regime referente a este acusado para o semiaberto. Mantém-se os demais termos da sentença atacada.*[48]"

No mesmo entendimento:

> *Apelação. Artigos 288-A, do Código Penal e 14, da lei nº 10.826/2003, na forma do art. 69, do Código Penal. Sentença condenatória. Recurso defensivo perseguindo unicamente a absolvição do delito de constituição de milícia privada. Na hipótese dos autos, o réu confessou a posse da arma e nega fazer parte da milícia. Fragilidade probatória com relação à este último tipo penal. Não obstante a apreensão de certa quantia em espécie com o réu e dentro de envelopes, o que pode ser indício de realização de cobrança e/ou recebimento de valores, não foi possível determinar a que se referiam tais valores, sobretudo porque o réu declarou no interrogatório uma versão sobre o dinheiro que, em tese, pode ser verdadeira, ou seja, a quantia seria fruto de serviços pagos pelos clientes na borracharia onde estava trabalhando. Some-se a isso que não há comprovação da existência de vínculo associativo estável, como exigido pelo artigo 288-A do CP, sendo assim, embora inegável a dificuldade concreta para a caracterização desse tipo penal, não se revela cabível a sustentação de decreto condenatório com base em conjecturas. Remanescendo a condenação pelo porte de arma, na forma da Súmula 269 do STJ, o regime*

[48] BRASIL. Tribunal de Justiça do Estado do Rio de Janeiro. (3. Câmara). *Embargos de Declaração 0144168-58.2021.8.19.0001*. Ação Penal - Procedimento Ordinário. Relator: Des. Paulo Sergio Rangel do Nascimento, 02 de março de 2023. Disponível em https://www3.tjrj.jus.br/gedcacheweb/default.aspx?UZIP=1&GEDID=0004B027CE0E731AB9D151CE99DD245EEAE4C51362200540&USER=. Acesso em: 27 abr.2024.

passa a ser o semiaberto, em vista da reincidência. Provimento parcial do recurso.[49]

Corroborando a ideia firmada:

APELAÇÃO CRIMINAL. RECURSOS RECÍPROCOS. RÉU CONDENADO PELOS DELITOS DE RECEPTAÇÃO (2X) E PORTE ILEGAL DE ARMA DE FOGO. INSURGÊNCIA MINISTERIAL QUE PRETENDE A CONDENAÇÃO NO CRIME DO ARTIGO 304 C/C 297, AMBOS DO CÓDIGO PENAL. ACOLHIMENTO. PRETENSÃO DE CONDENAÇÃO NO CRIME DO ARTIGO 288-A DO CÓDIGO PENAL. REJEIÇÃO. RECURSO DEFENSIVO. PROVA ILÍCITA DECORRENTE DE INVASÃO DOMICILIAR. NÃO OCORRÊNCIA. PROVA FIRME DA AUTORIA INVIABILIZANDO A ABSOLVIÇÃO. PEQUENO REPARO NA DOSIMETRIA DO DELITO DE RECEPTAÇÃO. ABRANDAMENTO DO REGIME PRISIONAL PARA O SEMIABERTO. 1) Emerge firme da prova judicial que policiais militares receberam informação do setor de inteligência de que um miliciano sairia da Comunidade 700 na direção de um carro clonado Space Fox e ele estaria armado, tendo os agentes da lei se dirigido até a entrada da comunidade. Algumas horas depois, o veículo mencionado passou pela guarnição, tendo sido dada ordem de parada. De seu interior, desembarcou uma mulher que se identificou como sendo a namorada do acusado e afirmou que o carro havia sido lhe emprestado pelo réu, com o qual se encontraria próximo à comunidade onde moravam, informando que o réu estaria no interior de um veículo Renault Logan. Na sequência, os policiais se dirigiram até o local indicado e encontraram o acusado no carro Renault Logan; durante a revista pessoal foi encontrado em sua cintura um revólver calibre .38, municiado com dez munições de mesmo calibre e uma munição calibre .22, e embaixo da sua perna, um simulacro de arma de fogo. Solicitada a identificação, o acusado apresentou uma

49 BRASIL. Tribunal de Justiça do Estado do Rio de Janeiro. (3. Câmara). Apelação 05643-62.2022.8.19.0001. Ação Penal - Procedimento Ordinário. Relatora: Des. Mônica Tolledo de Oliveira, 05 de abril de 2023. Disponível em: https://www3.tjrj.jus.br/gedcacheweb/default.aspx?UZIP=1&GEDID=0004B34181405B79152968A5D28C38AE289FC514174D4064&USER=. Acesso em: 27 abr.2024.

CNH em nome de terceiro, contudo ostentando sua própria fotografia. Em seguida, o acusado conduziu os policiais até sua residência, localizada próxima ao local da abordagem, e franqueou-lhes a entrada, sendo arrecadados um caderno com anotações aparentemente de cobrança de moradores, uma carteira na cor verde com brasão do Exército Brasileiro, quatro coldres e dois porta carregadores de fuzil. Na delegacia, foi constatado que os carros eram produto de roubo. 2) Não há se falar na ilicitude das provas pela violação de domicílio, tendo em conta que os policiais militares foram uníssonos em afirmar que o acusado lhes franqueou a entrada de sua residência, após ter sido preso em flagrante na via pública. Ressalte-se que, não obstante o silêncio em juízo, o acusado afirmou, em sede policial, que "nada tem a reclamar da conduta dos Policiais que efetuaram sua prisão", o que corrobora a versão dos agentes da lei. 3) Emerge firme dos autos a autoria do crime de receptação dos automóveis Renault Logan e Space Fox, originários de roubo, por parte do acusado. A tese defensiva de absolvição do acusado quanto ao carro Space Fox, por ter sido apreendido em poder de sua namorada, restou isolada da própria narrativa da dinâmica dos fatos. 4) Da mesma forma o réu foi flagrado dentro do veículo Renault Logan portando um revólver calibre .38 devidamente municiado, resultando, portanto, incensurável o decreto condenatório pelo crime de porte ilegal de arma de fogo. 5) Assiste razão à acusação quanto à condenação pelo crime de uso de documento falso. Materialidade e autoria amplamente comprovadas, mormente diante dos coerentes depoimentos dos policiais militares responsáveis pela prisão em flagrante, ratificando as declarações prestadas em sede extrajudicial, atraindo assim a incidência do enunciado nº 70, da Súmula desta Corte. De todo modo, para a caracterização do tipo penal não faz diferença se o réu apresentou o documento ao policial ou se este o recolheu dentro do veículo. Tratando-se da CNH de documento de porte obrigatório para o tráfego de veículos, nos termos do Código de Trânsito Brasileiro, seu uso efetivo se consubstancia com o porte. Ademais, tratando-se de crime formal, em que se busca resguardar a fé pública, a lesão se aperfeiçoa pelo mero uso do documento falsificado, ainda que os policiais já soubessem de quem se tratava. 6) Meras informações, impregnadas de conteúdo genérico, são insuficientes à comprovação da existência de vínculo estável capaz de caracterizar o crime de constituição de milícia privada. Assim, diante da ausência de provas robustas a apontar a conduta de constituição de milícia privada praticada pelo apelante, incide, in casu, os princípios do in dubio pro reo e favor rei, impondo-se a manutenção da absolvição em relação a essa imputação. 7) Dosimetria. 7.1) Diante do intervalo entre as sanções mínima e máxima abstratamente previstas para o delito de receptação e

> *da ausência de parâmetro legal para o patamar de exacerbação, inexiste obrigatoriedade na aplicação do percentual de 1/8 para cada fator desfavorável. 7.2) A jurisprudência do E. Superior Tribunal de Justiça admite a incidência da mencionada atenuante, mesmo em se tratando de confissão parcial ou retratada em juízo, desde que utilizada como fundamento para a condenação. Esse entendimento originou a edição da Súmula nº 545 ("Quando a confissão for utilizada para a formação do convencimento do julgador, o réu fará jus à atenuante prevista no art. 65, III, d, do Código Penal"). 7.3) Porte ilegal de arma de fogo. Pena-base fixada no mínimo legal, em 02 anos de reclusão e 10 dias-multa. 7.4) Receptação. Correta a majoração das penas-bases devido ao alto valor econômico dos bens objetos da receptação (automóveis). Contudo, o quantum de aumento em 01 ano se mostrou desproporcional, merecendo pequeno reparo. Pena de receptação do veículo Space Fox majorada na primeira fase e reconhecida a confissão parcial, pela ampla devolutividade recursal, na fase intermediária, alcançando 01 ano de reclusão e 10 dias-multa. Pena de receptação do carro Renault Logan, majorada na primeira fase, alcançando 01 ano e 02 meses de reclusão e 11 dias-multa. 7.5) Uso de documento falso. Pena estabelecida no mínimo legal, em 02 anos de reclusão e 10 dias-multa. 8) Concede-se o regime inicialmente semiaberto, em razão do quantum total de pena aplicado (06 anos e 02 meses de reclusão) e por se tratar de acusado tecnicamente primário, à luz do art. 33, § 2º, "b", do Código Penal. Parcial provimento dos recursos.*[50]

Portanto, é possível concluir, neste primeiro capítulo, que o crime organizado evolui de forma contínua, veloz, eficaz e duradoura. Contudo, em que pese o hercúleo esforço promovido pelo Estado, ainda há muito a se fazer para combater o crime organizado, tendo em vista as diversas faces em que ele se apresenta, como, inclusive, será visto nos capítulos a seguir.

---

[50]BRASIL. Tribunal de Justiça do Estado do Rio de Janeiro. (3. Câmara). *Apelação 0111448-09.2019.8.19.0001*. Ação Penal - Procedimento Ordinário. Relatora: Des. Mônica Tolledo de Oliveira, 25 de maio de 2021. Disponível em:https://www3.tjrj.jus.br/gedcacheweb/default.aspx?UZIP=1&GEDID=0004A5BB3695AC96820F0FD7D1916785B121C50E61450A44&USER=. Acesso em: 27 abr.2024.

CAPÍTULO 2. ASPECTOS CRIMINOLÓGICOS ATRELADOS ÀS ORGANIZAÇÕES CRIMINOSAS

O significado dicionarizado de criminologia é: "Ciência que estuda as causas do comportamento antissocial dos homens com base na psicologia e na sociologia, lançando, em geral, mão da estatística".[51]

Juridicamente, fala-se em criminologia como uma ciência empírica (baseada na observação e experiência) e interdisciplinar que estuda o crime, a personalidade do autor do comportamento delitivo, a vítima e o controle social das condutas criminosas.

Contudo, não seria leviano dizer que as organizações criminosas por si só demonstram uma potência para causar danos incomensuráveis à sociedade e à ordem pública.

O Professor Alberto Silva Franco destaca, em uma de suas obras, avançada visão do crime organizado, o que, indubitavelmente, adequa-se nos dias em que se vive, analisa-se:

> *O crime organizado possui uma textura diversa: tem caráter transnacional na medida em que não respeita as fronteiras de cada País e apresenta características assemelhadas em várias nações; detém um imenso poder com base numa estratégia global e numa estrutura organizativa que lhe permite aproveitar as fraquezas estruturais do sistema penal; provoca danosidade social de alto vulto; tem grande força de expansão, compreendendo uma gama de condutas infracionais sem vítimas ou com vítimas difusas; dispõe de meios instrumentais de moderna tecnologia; apresenta um intrincado esquema de conexões com outros grupos delinquenciais e uma rede subterrânea de ligações com os quadros oficiais da vida social, econômica e*

[51] DICIO. *Dicionário online de Português.* Disponível em: https://www.dicio.com.br/criminologia/#:~:text=Significado%20de%20Criminologia,e%20filosofia%20do%20Direito%20penal. Acesso em: 11 jul. 2024.

> *política da comunidade; origina atos de extrema violência; exibe um poder de corrupção de difícil visibilidade; urde mil disfarces e simulações e, em resumo, é capaz de inerciar ou fragilizar os poderes do próprio Estado.*[52]

Com os avanços das organizações criminosas, já amplamente exposto no primeiro capítulo desta monografia, na seara criminal, existem duas espécies de criminalidade organizada: a do tipo mafioso e a do tipo empresarial, o que causa notória clareza para que se possa entender os aspectos criminológicos.

Em sua obra Criminologia, Eron Verissimo Gimenes, explicita:

> *Criminalidade organizada do tipo mafiosa (Cosa Nostra, Camorra, Ndrangheta e stida, na Itália; Yakuza, no Japão, Tríade, na China; e Cartel de Cali, na Colômbia), cuja atividade delituosa se baseia no uso da violência e da intimidação, com estrutura hierarquizada, distribuição de tarefas e planejamento de lucros, contando com a clientela e impondo a lei do silêncio. Seus integrantes vão desde os agentes do Estado até os executores dos delitos; as vítimas são difusas, e o controle social encontra sério óbice na corrupção governamental.*
>
> *A criminalidade do tipo empresarial não possui apadrinhados nem rituais de iniciação; tem uma estrutura empresarial que visa apenas o lucro econômico de seus sócios. Trata-se de uma empresa voltada para atividade delitiva. Busca o anonimato e não lança mão da intimidação ou violência. Seus criminosos são empresários, comerciantes, políticos, hackers etc. As vitimas também são difusas, mas, quando individualizadas, muitas vezes sequer sabem que sofreram os efeitos de um crime. Nesse contexto, ganha relevo a discussão doutrinária do direito penal do cidadão contra o direito penal do inimigo. Este, conforme doutrina de Gunther Jakobs (2007), volta-se para a preservação do Estado e propõe tratamento gravoso aos criminosos que violam bem jurídicos mais importantes (vida, liberdade, dignidade sexual), à semelhança do que ocorre com os terroristas, e aquele*

---

[52] FRANCO, Alberto Silva. *O difícil processo de tipificação.* Boletim IBCCrim 21, p. 5 *apud* FERNANDES, Antônio Scarance. *O crime organizado e a legislação brasileira. In:* PENTEADO, Jaques de Camargo (coord.). *Justiça penal: críticas e sugestões*, v. 3. São Paulo: RT, 1995. p. 37.

> *de cunho minimalista, em que se defende um sistema mais garantista ao imputado.*
>
> *Como de notório saber, existem três requisitos essenciais para que se configure uma organização criminosa, são eles:*
>
> *É considerada organização criminosa a associação de 04 (quatro) ou mais pessoas estruturalmente ordenada e caracterizada pela divisão de tarefas, ainda que informalmente, com o objetivo de obter, direta ou indiretamente, vantagem de qualquer natureza, mediante a prática de infrações penais cujas penas máximas sejam superiores a 04 (quatro) anos, ou que sejam de caráter transnacional;*
>
> *Associação de 04 (quatro) ou mais pessoas: a associação pressupõe estabilidade, permanência e deve ser estruturada, ordenada e caracterizada pela divisão de tarefas, ainda que informalmente;*
>
> *Com o objetivo de obter, direta ou indiretamente, vantagem de qualquer natureza, mediante a prática de infrações penais cujas penas máximas sejam superiores a 04 (quatro) anos ou que sejam de caráter transnacional.* [53]

É certo que o conceito de criminalidade organizada, pontualmente neste vago tipo penal trazido pelo legislador, possui contornos imprecisos e cheios de relativismos, fato que exige do aparato estatal investigatório refinamento e aprofundamento. Infelizmente, eles não são adotados na esmagadora maioria dos casos apurados. Há uma tendência cômoda de buscar APFs, pelo menos no capítulo dos crimes associativos (caso típico do art. 288-A do CP), a dar elasticidade ilegal aos pressupostos normativos estabelecidos pelo legislador.

Por conta desses inúmeros contornos, os Doutrinadores Cléber Masson e Marçal defendem quatro tipos de organizações criminosas, são elas:

[53] PENTEADO FILHO, Nestor Sampaio. *Criminologia.* 14. ed. Atualização Eron Verissimo Gimenes. Rio de Janeiro: Saraiva, 2024. p.3-4.

> *1) Tradicional (clássica): apresentam estrutura hierárquico-piramidal, o exemplo mais clássico são as máfias e o elemento constitutivo essencial dessas organizações é a existência de profunda força intimidadora;*
>
> *2) Rede (Network - Rete Criminale - Netzstruktur): se forma em decorrência de indicações e contatos existentes no ambiente criminal. Por exemplo, nos casos de lavagem de dinheiro utilizada a forma mesclada de Rede-Endógena, que são ou se valem de agentes públicos de altos escalões, para realizar transações financeiras e comerciais com objetivo de esconder seu verdadeiro propósito, utilizando-se, muitas vezes de "laranjas" ou testas de ferro de empresas públicas.*
>
> *3) Empresarial: é constituída no campo de empresas lícitas e ocorre quando os empresários se aproveitam da própria estrutura hierárquica da empresa para, secundariamente, praticar crimes fiscais, crimes ambientais, cartéis, fraudes (especialmente em concorrências - licitações, dumping, lavagem de dinheiro, falsidades documentais, materiais ideológicos, estelionatos etc.);*
>
> *4. Endógena: é formada essencialmente por políticos e agentes públicos de todos os escalões, envolvendo, portanto, necessariamente, crimes praticados por funcionários públicos contra a administração pública (corrupção, concussão, prevaricação etc.). Age dentro do próprio Estado, em todas as suas esferas, envolvendo, conforme a atividade, cada um dos Poderes Executivo, Legislativo ou Judiciário.*[54]

Não se pode negar ainda que as ações criminosas das ORCRIMs coagem e oprimem a população, atuando nas brechas do Estado, controlando as comunidades, deixando-as subordinadas às determinações do grupo criminoso. Diante disso, vários direitos fundamentais são violados, disseminando a insegurança em toda população.

Portanto, observa-se, como medida que se impõe ao Estado, o aumento de políticas sociais que possam prover as carências da população nas áreas de segurança, saúde, educação, trabalho, etc. Nessas lacunas deixadas pelo poder público que o crime organizado ganha e cria espaços, uma vez que recruta para si cidadãos que se

---

[54] MASSON, Cleber; MARÇAL, Vinícius. *Crime Organizado*. 4. ed., rev., atual. e ampl. São Paulo: Método, 2018.p.44.

encontram em situação de vulnerabilidade. Assim, faz-se necessário pensar nas formas possíveis de se alterar a legislação penal.

Cesare Lombroso, médico e fundador da Escola Positiva Italiana, deslocou o debate no campo da penologia, àquele momento, do crime para o criminoso, opondo-se assim ao discurso jurídico-penal dos reformadores liberais do século XVIII.[55]

Ao olhar pela ótica acima apontada e estudar uma nova economia da punição que se inaugura nesse período, observa-se que é justamente o discurso criminológico que informará parte substantiva do saber que se produzirá em torno da prisão e sobre os sujeitos a ela destinados, a fim de torná-los dóceis e úteis.

Pelo que vem se apresentando, as organizações criminosas não foram ignoradas pelos pesquisadores da área das ciências sociais no Brasil, como demonstram alguns dos principais balanços bibliográficos relacionados à área da criminalidade e violência.[56]

Esses pontos demonstram uma variedade de orientações teóricas e metodológicas quanto ao trato do objeto. Se, por um lado, houve uma riqueza intelectual no desenvolvimento dos estudos empíricos, por outro, tem-se um avanço modesto no trato teórico do tema. Os estudos sobre esses temas ficaram, em sua maioria, limitados, por assim dizer, a dois problemas: "a presença do tráfico de drogas, suas articulações com as áreas e populações urbanas de baixa renda, e os grupos prisionais."[57]

Nos dizeres do Doutrinador Sérgio Salomão Shecaira, tem-se:

> *A maior parte dos autores define criminologia como uma ciência. Ainda que tal premissa não seja absoluta na doutrina, não há como negar que,*

---

[55]ACOSTA, Fernando. *Ilegalismos privilegiados*. Antropolítica, 2004, p. 65-98.

[56]SCIELO BRASIL. *O crime organizado entre a criminologia e a sociologia: Limites interpretativos, possibilidades heurísticas.* Disponível em https://www.scielo.br/j/ts/a/K7HHBqvBchTkKdwLVjybDwb/. Acesso em: 05 set.2024.

[57] SCIELO BRASIL. *O crime organizado entre a criminologia e a sociologia: Limites interpretativos, possibilidades heurísticas.* Disponível em https://www.scielo.br/j/ts/a/K7HHBqvBchTkKdwLVjybDwb/. Acesso em: 05 set.2024.

> *em sua grande maioria, esta vê um método próprio, um objeto e uma função atribuíveis à criminologia.*[58]

Como de elevada sabença, o estudo criminológico tem como objetivo manejar meios de explicar e prevenir o ilícito, intervir no agente e, por fim, avaliar os modelos de resposta ao crime. Busca-se por meio dele conhecer a realidade para assim se explicar.

Pode-se observar que esse estudo é envolvido pela ciência experimental, uma vez que o seu objeto de estudo é oriundo de realidades e não de valores.

Sérgio Shecaira, ainda, completa:

> *a criminologia define-se, geralmente, como sendo o estudo do crime e do criminoso, isto é, da criminalidade". Mesmo fazendo uma crítica à definição inaugural de seu livro e ao próprio nome –Criminologia – que atribui a essa ciência, não deixa de destacar que seu estudo volta-se, precipuamente, ao campo das ciências antropológicas e, mais nuclearmente, das ciências médicas e psicológicas.*[59]

Etimologicamente, criminologia compreende o estudo do crime. É assim que Guaracy Moreira Filho entende o vocábulo criminologia:

> *criminologia" foi empregado pela primeira vez pelo jurista italiano Rafael Garófalo, um dos fundadores da Escola Positiva e que escreveu um livro com o título de "criminologia", dividido em três partes, quais sejam, delito, delinquente e repressão penal.*[60]

---

[58] SHECAIRA, Sérgio Salomão. *Criminologia*. 2 ed. Rev., atual e ampl. São Paulo: Revista dos Tribunais, 2008. p.42

[59] *Ibid.*, p.44.

[60] MOREIRA FILHO, Guaracy. *Criminologia e Vitimologia aplicada*. São Paulo: Jurídica Brasileira, 2008.

Já no Brasil, a criminologia foi trazida por João Vieira de Araújo, por meio da obra "Ensaios sobre direito penal" (1884).[61]

E, ainda é mister salientar que:

> *[...] a criminologia é um discurso que tem como funções primordiais prestar um essencial serviço de esclarecimento conceitual e de apresentação de agendas político-criminais. É um conjunto ou ideário (não necessariamente sistemático) que parte de premissas técnicas, ideias-força e (também) de base empírica, tanto para imantar os conceitos e categorias do sistema com uma mirada ou lógica própria e adequada quanto para (se necessário) forçar a atuação (ou não atuação) político-criminal estatal.*[62]

Segundo o doutrinador Sérgio Salomão Shecaira, existe uma divergência no âmbito doutrinário acerca de que em qual momento histórico efetivamente se iniciou o estudo científico da criminologia.

Contudo, a corrente majoritária, entende que a fundação da criminologia moderna ocorreu com Césare Lombroso, representante da Escola Positiva, em sua obra "Homem delinquente", datada de 1876. Já citado páginas anteriores neste capítulo, inclusive.[63]

Como já restou demonstrado em algumas linhas deste capítulo, a criminologia é uma ciência que decorre do direito penal, possui método empírico (experimentação científica) e finalidade preventiva. Ela visa entender os motivos que levaram o infrator a praticar o crime, o modo como esse infrator será tratado entre outros, a fim de evitar o cometimento de outras infrações penais.

---

[61] JUSBRASIL. *Principais Aspectos da Criminologia.* Disponível em: https://www.jusbrasil.com.br/artigos/principais-aspectos-da-criminologia/338959871. Acesso em: 05 jun.2024.

[62] DIVAN, Gabriel Antinolfi. *Processo penal e política criminal: uma reconfiguração da justa causa para a ação penal.* Porto Alegre: Elegantia Juris, 2015. p.97.

[63] JUSBRASIL. *Cesare Lombroso e a teoria do criminoso nato.* Disponível em: https://www.jusbrasil.com.br/artigos/cesare-lombroso-e-a-teoria-do-criminoso-nato/625021486. Acesso em: 05 jun.2024.

Existem algumas vertentes de criminologia, são elas: Criminologia geral, clínica, sociológica, científica, aplicada, acadêmica e analítica. Assim, faz-se mister entender o conceito de cada uma delas.

> *A Criminologia geral aborda uma visão ampla da criminologia, analisando os seus principais aspectos. A Criminologia clínica ou microcriminologia é o estudo direcionado ao recluso durante o cumprimento da pena e se realiza por meio da laborterapia prisional. Ela busca conhecer os motivos que levaram o criminoso a delinquir. Trata-se a uma modalidade de prevenção terciária, sendo esta a única espécie de prevenção que tem destinatário certo, qual seja, o preso, e objetiva sua ressocialização. Diferencia-se da criminologia sociológica ou macrocriminologia, que se limita ao estudo sociológico do crime.*[64]

Na mesma linha:

> *A Criminologia científica refere-se ao estudo centrado nos objetos e fatores condicionantes da criminalidade. No entanto, a Criminologia aplicada abrange a criminologia científica e a prática dos operadores do direito. Em outras palavras, configura-se pelo desenvolvimento da criminologia científica e sua aplicação por meio dos profissionais do sistema penal.*[65]

> *A Criminologia acadêmica é o estudo criminológico com fins pedagógicos, de ensino, como, por exemplo, o estudo da criminologia na faculdade, palestra sobre violência doméstica. A Criminologia analítica é a verificação do cumprimento do proposto pelas ciências criminais e também pela política criminal.*[66]

[64] JUSBRASIL. *Principais Aspectos da Criminologia.* Disponível em: https://www.jusbrasil.com.br/artigos/principais-aspectos-da-criminologia/338959871. Acesso em: 05 jun.2024.

[65] *Ibid.*

[66] JUSBRASIL. *Principais Aspectos da Criminologia.* Disponível em: https://www.jusbrasil.com.br/artigos/principais-aspectos-da-criminologia/338959871. Acesso em: 05 jun.2024.

Outra ideia importante é a seguinte:

> *A criminologia crítica ou radical refere-se ao estudo criminológico promovido pela Escola Crítica, integrante da teoria do conflito. Ela foi inspirada na ideologia de Karl Marx, que estabelecia que o capitalismo era o gerador da delinquência.*[67]

Por fim, assevere-se, ainda, que a criminalística se refere à disciplina auxiliar das ciências criminais que estuda os vestígios deixados pelo crime através de exames periciais.[68]

A doutrina do Professor Nestor Sampaio, defende que:

> *A criminologia se utiliza dos métodos biológico e sociológico. Como ciência empírica e experimental que é, a criminologia utiliza-se da metodologia experimental, naturalística e indutiva para estudar o delinquente, não sendo suficiente, no entanto, para delimitar as causas da criminalidade. Por consequência disso, busca auxílio dos métodos estatísticos, históricos e sociológicos, além do biológico.*[69]

Como se pode observar, o método empírico comporta técnicas, as quais a criminologia se interessa, pois, na análise dos fenômenos que desenvolve o crime, deve-se averiguar, em primeiro lugar, os fatos. O resultado da investigação servirá de embasamento para futuras sentenças judiciais, podendo, assim, evitar erros na apuração das provas, na impunidade do ilícito, ou, na imposição de uma sanção penal a um inocente.

A escola clássica tinha como foco o estudo do crime, enquanto a criminologia se concentrava no problema social e comunitário. Problema social entendido como a forma na qual a população é

---

[67] *Ibid.*

[68] *Ibid.*

[69] PENTEADO FILHO, Nestor Sampaio. *Manual Esquemático de Criminologia*. 4 ed. São Paulo: Saraiva, 2014. p.25.

influenciada, causando-lhes insegurança e receios. Já o problema comunitário é aquele praticado por algum membro da comunidade carente que encontra soluções nestas mesmas comunidades, sendo de atribuição de toda a população erradicá-los.[70]

Atualmente, o ilícito penal pode ser entendido como um desvio comportamental do cidadão, de acordo com o seu livre arbítrio.

Tendo em vista a doutrina do Professor Nestor Sampaio, o aspecto criminológico possui quatro elementos, como se vê:

> *[...] incidência massiva na população (não se pode tipificar como crime um fato isolado); incidência aflitiva do feto praticado (o crime deve causar dor à vítima e à comunidade); persistência espaço-temporal do feto delituoso (é preciso que o delito ocorra reiteradamente por um período significativo de tempo no mesmo território) e consenso inequívoco acerca de sua etiologia e técnicas de intervenção eficazes (a criminalização de condutas depende de uma análise minuciosa desses elementos e sua repercussão na sociedade)*[71].

No âmbito penal, existem duas correntes que abordam o conceito analítico do crime: a teoria bipartida e a tripartida. Bipartida afirma que o crime é um fato típico e antijurídico e a culpabilidade um mero pressuposto para a aplicação da reprimenda. Já a teoria tripartida assevera que o fato típico, a antijuridicidade e a culpabilidade são os elementos que compõem o crime. No âmbito positivistas, o crime é tido como um ato normal, humano e social; visão de Ferri, Durkeim e Quetelet, por exemplo.[72]

Quando se menciona "criminoso", inegavelmente se lê como o sujeito ativo do crime. Como já mencionado anteriormente, aquele que

70JUSBRASIL. *Principais Aspectos da Criminologia.* Disponível em: https://www.jusbrasil.com.br/artigos/principais-aspectos-da-criminologia/338959871. Acesso em: 11 set.2024.

71 *Ibid.*, p.23.

72JUSBRASIL. *Concepções bipartida, tripartida e quadripartida de crime.* Disponível em: https://www.jusbrasil.com.br/artigos/concepcoes-bipartida-tripartida-e-quádripartida-de-crime/1220191253. Acesso em: 11 set.2024.

detém o livre arbítrio e que, em tese, sofre influência dos fatores estranhos que o levam à prática de crimes.

Tanto na concepção marxista e quanto na criminologia socialista, o infrator é visto como vítima das injustiças do sistema capitalista. Ao passo que para a escola correcionalista é um ser inferior e incapaz de se governar por si próprio; merece do Estado uma atitude pedagógica e de piedade. Já a vítima deve ser vista como sujeito passivo do crime? Juridicamente, para Gianpaolo Poggio, esta deve ser vista como:

> *[...] o sujeito passivo eventual, material, específico em cada crime, é quem sofre a lesão do bem jurídico de que é titular [...]. O Código de Processo Penal não define vítima e não tem rigor terminológico, utilizando as palavras 'vítima', 'ofendido', 'pessoa ofendida' e 'lesado' [...].*[73]

Concernente à vítima, existem três modalidades de vitimizações, sendo estas, na visão do professor Nestor Sampaio:

> *Vitimização primária é aquela que se relaciona ao indivíduo atingido diretamente pela conduta criminosa. Vitimização secundária é uma consequência das relações entre as vítimas primárias e o Estado, em face da burocratização de seu aparelho repressivo (Polícia, Ministério Público etc.). Vitimização terciária é aquela decorrente de um excesso de sofrimento, que extrapola os limites da lei do país, quando a vítima é abandonada, em certos delitos, pelo Estado e estigmatizada pela comunidade, incentivando a cifra negra (crimes que não são levados ao conhecimento das autoridades)*[74]

O objetivo final e essencial da criminologia é a prevenção delitiva, que pode ser primária, secundária ou terciária.

---

[73] SMANIO; Gianpaolo Poggio, *Criminologia e juizado especial criminal: modernização do processo penal: controle social.* São Paulo, Atlas, 1998 p.40-41.

[74] PENTEADO FILHO, Nestor Sampaio. *Manual Esquemático de Criminologia.* 4 ed. São Paulo: Saraiva, 2014. p 25.

Lélio Braga expõe: "A prevenção primária é a prevenção genuína. Ela se dirige a toda população, é com altos custos, mas se sustenta com o passar anos ou das administrações[75]"

A prevenção secundária atua na iminência do ato ilícito ou após este e possui o fito de uma ação com olhar voltado a áreas de maior violência, como em comunidades carentes dominadas pelo tráfico de entorpecentes.

Já a prevenção terciária possui apenas um destinatário: a população carcerária e busca evitar a reincidência criminal. Consiste em programas que atuam tardiamente no problema criminal e que possuem elevados níveis de ineficácia.

Porém a criminologia não se limita a esse fim, tendo como finalidades subsidiárias a reparação do dano causado e a ressocialização do criminoso; finalidade principal do Direito Penal.[76] Rememorando Nestor Sampaio Penteado Filho, "os fins básicos da criminologia são informar a sociedade e os poderes constituídos acerca do crime, do criminoso, da vítima e dos mecanismos de controle social. E também a luta contra a criminalidade (controle e prevenção criminal)".[77]

Isso posto, torna-se de grande valia falar sobre como a Criminologia é área do saber de importância elevada, uma vez que desmistifica preconceitos sociais sobre o ilícito penal e o agente que o pratica, incluindo, a vítima. Posteriormente, por ela dar estrutura a um método científico, cujo qual é validade para debruçar-se sobre um fenômeno criminal em uma visão descritiva e compreensiva, objetivando estabelecer uma parte do entender com o fito empírico-indutivo, fugindo de uma esfera formalista, como se vê inúmeras vezes no âmbito do direito penal.

---

[75] CALHAU, Lélio Braga. Resumo de criminologia. 7 ed. Niterói RJ: Impetus, 2012. p.87.

[76] PENTEADO FILHO, Nestor Sampaio. Manual Esquemático de Criminologia. 4 ed. São Paulo: Saraiva, 2014. p.27.

[77] JUSBRASIL. Falando Sobre a Criminologia. Disponível em: https://www.jusbrasil.com.br/artigos/falando-sobre-a-criminologia/636189106. Acesso em: 11 set.2024.

Em seguida, a criminologia logra êxito ao inserir um espaço de cruzamento, que transita nas superfícies de inúmeras áreas sobre manifestações do crime. Ato contínuo, pelo âmbito da criminologia, ela torna a camada dos ilícitos penais de considerável dimensão para a agnição de numerosas questões de afetas a distintas áreas, leia-se, direito penal.

Certo é que a Criminologia, sendo ciência ou não, indubitavelmente, esboça um ponto crucial para o estudo de um dos fatos sociais demasiadamente presenciados e minimamente versado pela sociedade hodierna, imergido por vezes de preconceitos e de muitas concepções conflitantes (afinal, a maior parte dos cidadãos querem opinar sobre o crime, um fato que comove exageradamente a todos).

Como amplamente exposto, um dos fitos da criminologia é o controle social sobre o ilícito penal. Portanto, sua estruturação é expressiva para o aprendizado desse fato social de jeito alvo, atinado e, semelhantemente, de maneira a conceber avanços hábeis não apenas no entendimento do acontecimento, mas no operativo combate a ele.

É irrevogável suscitar inquirições sobre a transgressão. Diversas erudições fizeram o mesmo: da sociologia à geografia, até mesmo passando pela psicologia social e a neurociência. O indivíduo quer retornos sobre o que causa o ilícito penal, como opera o entendimento de um agente criminoso, como combater o crime organizado de modo idôneo. Em tese, a Criminologia manifesta-se para conceber essas respostas, para dar tais feedbacks tão melindrosos e aguardados.

Vitorino Prata Castelo Branco, em sua obra sobre criminologia, descreve:

> *Em geral, método é o meio empregado pelo qual o pensamento humano procura encontrar a explicação de um fato, seja referente á natureza, ao homem ou á sociedade". E prossegue: "Só o método científico, isto o é,*

> *sistematizado, por observações e experiências, comparadas e repetidas, pode alcançar a realidade procurada pelos pesquisadores.*[78]

Diz, ainda, Vitorino Prata, "O campo das pesquisas será, na Criminologia, o fenômeno do crime como ação humana, abrangendo as forças biológicas, sociológicas e mesológicas que o induziram ao comportamento reprovável, etc..".[79]

Em artigo publicado sobre Criminologia, Giovanna Pissuto expõe que:

> *De fato, quando o referido autor fala em forças sociológicas e mesológicas, no fundo significam a mesma coisa, ou seja, algo ligado ao meio ambiente, ao meio social. Abordando o assunto em sua obra Manual de Criminologia, Israel Drapkin, argumenta dizendo, inicialmente, que a Criminologia efetivamente usa os métodos biológico e sociológico. E, como não poderia deixar de ser a uma disciplina que estuda o crime como um fato biopsicosocial e o criminoso, a Criminologia não fica adstrita a um só terreno científico, porque este não teria, por si só, o condão de conseguir explicar o fenômeno delinquencial e a vasta caudal de causas delituógenas, dentre elas aquelas de natureza social, biológica, psicológica, psiquiátrica, etc. Por isso, a Criminologia constrói seus métodos, mas também, se utiliza dos métodos de outras ciências.*[80]

Mas, mais que isso, ao analisar a Criminologia como ciência, o artigo acima mencionado nos abrilhanta com a seguinte exposição:

> *Com relação ao método, os contrários afirmam não ser a Criminologia uma ciência, por não ter um método determinado, uma vez que ela se vale de dois métodos, o biológico e o sociológico. Abordando o assunto em sua obra Manual de Criminologia, Israel Drapkin argumenta dizendo, inicialmente, que a Criminologia efetivamente usa os métodos biológico e*

[78] BRANCO, Vitorino Prata Castelo. *Curso Completo de Criminologia*. São Paulo: ST. 1975. p.110.
[79] *Ibid.*
[80] PISSUTO, Giovanna. *Criminologia*. Disponível em https://www.jusbrasil.com.br/artigos/criminologia/188716599. Acesso em: 06 jun.2024.

> *sociológico e exemplifica: "se a Biologia é uma ciência, não há razão para que não o seja a Criminologia, que usa o seu método". E acresce: "A Criminologia usa o método experimental, naturalístico, indutivo, para o estudo do delinqüente, o que não basta para conhecer as causas da criminalidade.*[81]

Por isso, recorre-se aos métodos estatísticos, históricos e sociológicos. O fato de a Criminologia usar vários métodos contribui para deixar de ser uma ciência? Certamente não. A Criminologia não é um campo de conhecimento empírico, que vive a carecer de método científico para a comprovação de suas experiências e experimentos.

Ao invés de um método de trabalho, a Criminologia possui dois: o biológico e o sociológico. É necessário ressaltar que a negação do caráter científico à Criminologia não é universal, pois o que um país pode estabelecer como uma verdade incontestável, em outro, não se concretiza. Prova disso, é o fato de existirem as chamadas Criminologia nórdica, europeia, americana, etc., que guardariam aspectos diferentes entre si.

Contudo, quanto à condição de não universalidade da Criminologia para ser considerada uma ciência, é importante recordar que, em um Congresso Internacional de Criminologia, realizado há menos de 20 anos em Belgrado, no país então chamado Iugoslávia, foi acordado que: "A delinquência é um fenômeno social complexo que tem suas próprias leis e que aparece num meio sociocultural determinado, não podendo ser tratada com regras gerais, mas particulares a cada região".

Diante disso, é oportuno citar ainda uma vez Vitorino Prata, que, reconhecendo a condição de ciência da Criminologia, sublinha:

> *Embora o homem seja o mesmo em qualquer parte do mundo, os crimes têm características diferentes em cada continente, devido à cultura e à história própria de cada um. Há, pois, uma Criminologia brasileira, como*

---

[81] *Ibid.*

> *uma Criminologia chinesa, uma Criminologia Iugoslava, enfim, uma Criminologia própria de cada raça ou nacionalidade".*[82]

À conta dessas razões, deve-se ressaltar que a divergência entre ser ou não a Criminologia uma ciência, perante a argumentação de modo não compreender artefato, não se enquadra em dispositivo determinado, sequer universal. Para os que não consideram a Criminologia como ciência, esta padece de objeto, visto que estuda o ilícito, que pertence ao Direito Penal. No entanto, foi visto que ambas as disciplinas enfocam a infração de concepções dispares.

Como se denota no artigo publicado por Fernando Salla e Alessandra Teixeira, traz-se à baila entendimento pontual:

> *Essas duas vertentes de estudos tornaram-se predominantes na abordagem da temática do crime organizado em detrimento de análises que se deslocassem para as formas que se desenvolvem no sistema financeiro, no mundo empresarial, corporativo e suas articulações internacionais. Desse modo, assim como a criminologia contemporânea, também a sociologia no Brasil não levou adiante o legado do campo de estudos sobre a criminalidade do colarinho branco, inaugurado por Sutherland em 1949, atendo-se, sobretudo, à repercussão territorializada e urbana (Kokoreff, 2007) de fenômenos atinentes a uma criminalidade que passa a se organizar de forma transnacional e desterritorializada desde os anos 1980.*[83]

Ele prossegue, corroborando com o que foi dito anteriormente:

> *Assim, as primeiras pesquisas nas ciências sociais utilizando diretamente a categorização "crime organizado" voltaram-se à presença do tráfico de drogas nas principais cidades do país envolvendo indivíduos dos bairros de*

---

[82] BRANCO, Vitorino Prata Castelo. *Curso Completo de Criminologia.* São Paulo: ST. 1975. p.110.
[83] SALLA Fernanda; TEIXEIRA Alessandra. *O crime organizado entre a criminologia e a sociologia.* Disponível em: https://www.scielo.br/j/ts/a/K7HHBqvBchTkKdwLVjybDwb/?format=pdf&lang=pt . Acesso em: 06 jun.2024.

> *baixa renda, a partir da década de 1980, em consonância aliás com o que era observado na produção empírica e analítica em diversos países ocidentais.*[84]

Complemente ainda com a seguinte ideia:

> *Alba Zaluar (1983 e 1990, entre outros trabalhos) foi uma das primeiras autoras a pesquisar nomeadamente a "organização social do crime", perscrutando as identidades dos tipos criminosos, as suas muitas formas de organização, a entrada de mulheres e jovens nas atividades ilegais, sobretudo no tráfico de drogas, as mudanças na "subcultura criminosa" em termos de novas referências ao mundo do trabalho, formas de lealdade e de solidariedade, relações de poder etc. Em um importante balanço bibliográfico sobre crime e violência nas ciências sociais no Brasil, Zaluar (1999) fez referência a alguns de seus trabalhos nesse campo nos quais usou as expressões crime negócio ou crime organizado (pp. 66-7). Sem se referir de forma explícita ao tráfico de drogas, tomava-o como expressão do crime organizado que assumia proporções em escala mundial, com estruturas complexas, e mobilizava grandes quantidades de dinheiro, portanto não podendo mais "ser desconsiderado como uma força importante ao lado dos estados nacionais, igrejas, partidos políticos, empresas multinacionais etc.".* [85]

Para findar este capítulo, é prudente destacar o aspecto criminológico do cidadão anormal (psicopata). Psicopatia, sociopatia ou transtorno da personalidade antissocial é um distúrbio de difícil diagnóstico, caracterizado por falta de empatia em relação ao outro e desprezo pelas obrigações sociais.

Segundo a Organização Mundial de Saúde (OMS), a psicopatia também tem as seguintes características:

---

[84] *Ibid.*

[85] SALLA Fernanda; TEIXEIRA Alessandra. *O crime organizado entre a criminologia e a sociologia.* Disponível em: https://www.scielo.br/j/ts/a/K7HHBqvBchTkKdwLVjybDwb/?format=pdf&lang=pt . Acesso em: 06 jun.2024.

> *Há um desvio considerável entre o comportamento e as normas sociais estabelecidas. O comportamento não é facilmente modificado pelas experiências adversas, inclusive pelas punições. Existe uma baixa tolerância à frustração e um baixo limiar de descarga da agressividade, inclusive da violência. Existe uma tendência a culpar os outros ou a fornecer racionalizações plausíveis para explicar um comportamento que leva o sujeito a entrar em conflito com a sociedade.*[86]

Esse tipo de transtorno pode ser identificado a partir de um aprofundamento maior na relação social, que deve envolver a observação da conduta da pessoa, suas relações e interações diante das diversas situações.

Em artigo publicado pela Universidade de Fortaleza, Ceará, a aluna Débora Batista Alves, com importante imposição, explicita:

> *Os psicopatas são indivíduos que transitam tranquilamente na sociedade, apesar de portadores do transtorno de personalidade antissocial, e possuem a capacidade cognitiva intacta e perfeita, possuindo plena clareza da realidade de seus atos, criminosos ou não. Razão pela qual se diferem dos doentes mentais, que não têm a capacidade de distinguir o mundo real sem delírios (como é o caso do esquizofrênico ou psicótico). Eles não possuem a noção de consciência, que os faria processar e responder aos estímulos emocionais. Logo, um indivíduo que não possui emoções apresenta uma severa falha em associar atos e consequências. Por exemplo, um ser humano comum consegue visualizar que determinada conduta gerará uma consequência, e a imagem dessa causa uma emoção (ansiedade, temor, angústia.) A emoção, por sua vez, impede a conduta. Na psicopatia, essa dinâmica não funciona normalmente.*[87]

---

[86]ZENKLUB. *Psicopatia e suas principais características.* Disponível em: https://zenklub.com.br/blog/para-voce/psicopatia/#:~:text=As%20pessoas%20com%20psicopatia%20geralmente,normas%20sociais%20e%20as%20leis Acesso em: 06 jun.2024.

[87]ALVES, Débora Batista. *Aspectos criminológicos da mente perigosa: psicopata.* Disponível em: http://repositorio.unifametro.edu.br/bitstream/123456789/555/1/D%c3%89BORA%20BATISTA%20ALVES_TCC.pdf. Acesso em: 06 jun.2024.

Ao fim dessa análise versando sobre direito penal e criminologia, sua compreensão, alvo de estudo, torna-se imperioso distinguir a criminologia clínica como ramo da criminologia.

Nos ditames que preleciona Alvino Augusto:

> *A criminologia clínica é um segmento da criminologia, atendendo os requisitos básicos que a literatura reconhece no conceito desta, a saber: ciência interdisciplinar, recorre ao método empírico, tem por objetos de estudo o delito, o delinquente, a vítima e as instâncias de controle e volta-se para programas de prevenção.*[88]

Assevera-se, portanto, que a criminologia clínica se mostra diferente da geral, observando que se trata da aplicação dos conceitos aos detentos. Seu fito é captar o que conduz o criminoso a transgredir de maneira a entender com esse no cumprimento da sanção penal que lhe foi imposta.

Reportando-se, novamente, ao artigo publicado por Fernando Salla e Alessandra Teixeira:

> *A mera rejeição do rótulo de crime organizado em favor de outras enunciações (como, por exemplo, coletivos criminais), por parte de algumas correntes de autores dentro das ciências sociais, tem o mérito de escapar do senso comum e sobretudo de considerar os aspectos que movem os atores pertencentes aos grupos nas suas ações. No entanto, tais análises precisariam observar a trama de relações, imposições, interditos, viabilidades que o formalismo jurídico e as instituições do Estado dispõem no meio social, não de forma a moldar impositivamente os grupos e suas ações, mas de modo a fazer parte do conjunto dos elementos nos quais os coletivos se movem.*[89]

---

88 SÁ, Alvino Augusto de. *Criminologia clínica e psicologia criminal.* São Paulo: Revista dos Tribunais, 2007. p.18.

89SALLA Fernanda; TEIXEIRA Alessandra. *O crime organizado entre a criminologia e a sociologia.* Disponível em: https://www.scielo.br/j/ts/a/K7HHBqvBchTkKdwLVjybDwb/?format=pdf&lang=pt . Acesso em: 06 jun.2024.

Segue:

> *Uma proposta que nos parece fundamental para ampliar o campo de análise das ciências sociais em torno do chamado crime organizado é trazer para o centro das preocupações a noção de "gestão diferencial dos ilegalismos", de Michel Foucault (1975). Ao conceber a noção de ilegalismo e sua gestão diferenciada, Foucault pôde colocar em perspectiva não o conceito jurídico de crime e de seu enfrentamento, mas o campo híbrido e reciprocamente constitutivo das práticas ilegais e de sua gestão. Por essa noção relacional, Foucault interpelou a um só tempo a falsa neutralidade da categoria normativa "crime", erodindo assim a oposição amplamente naturalizada entre legal/ilegal, como também o papel do Estado como mero agente repressivo na dinâmica criminal. Ambos os deslocamentos implicados no conceito revelam as duas apostas heurísticas que apresentamos neste artigo a fim de propor parâmetros para uma nova abordagem e definição do fenômeno "crime organizado". O neologismo ilegalismo é formulado inicialmente por Foucault no Curso La Société Punitive, ministrado entre 1972 e 1973 no Collège de France (Foucault, 2013), justamente para definir a especificidade do "sistema punitivo" que se engendrava na passagem do século XVIII para o XIX, como um sistema que trouxe para o aparelho jurídico do Estado funções que em nada diziam respeito aos constructos do direito penal liberal dos reformadores em sua razão iluminista. Esse sistema, e seu circuito de controle policial/justiça penal/prisão, será responsável por operar a peça central dessa engenharia moderna: a requalificação geral dos ilegalismos. Através dela ocorrerá a partilha entre "o campo fecundo do ilegalismo dos direitos" (fraudes, evasões fiscais) e suas jurisdições atenuadas (multa, transações)12, reservado à burguesia, de um lado, e os ilegalismos populares, "o ilegalismo dos bens" (roubo e as insurgências populares) e a jurisdição ordinária e severa dos castigos (a prisão), de outro. O sistema punitivo será então voltado a diferenciar, selecionar, hierarquizar e colonizar os ilegalismos populares, e através de seu circuito produzir a delinquência, resultado acabado dessa operação certamente política, que dissocia os ilegalismos e deles isola a delinquência, objetivando-a por trás das infrações (Foucault, 1975)".'Pierre Lascoumes (1996) enxerga justamente nessa engenharia da partilha e da diferenciação entre fraudes econômicas e crimes comuns a expressão de um dispositivo contemporâneo para dominação social. Para Lascoumes, a noção de ilegalismo em*

> *Foucault contribui de modo decisivo para desvelar não apenas essa partilha, mas também a forma como ela opera, e é legitimada e objetivada cientificamente: ao eufemismo e ocultamento da criminalidade econômica corresponde a excessiva dramatização da criminalidade comum, que será convertida no arquétipo da delinquência, produto final da maquinaria disciplinar". Um enquadramento analítico que reconhecesse, portanto, na noção de gestão diferencial dos ilegalismos um a priori nos estudos sobre criminalidade poderia instigar maiores preocupações dos pesquisadores tanto com relação ao lugar que ocupam os ilegalismos praticados nas esferas das elites, quanto do Estado, na reprodução das formas de criminalidade em geral, nas políticas penais adotadas e, no limite, na reprodução mesma das desigualdades sociais que marcam a sociedade brasileira.*[90]

Neste diapasão, a conclusão a que se chega das reflexões acima é que o debate sobre organização criminosa, no âmbito das ciências sociais no Brasil, até então, necessita afastar-se da prudência geral e dos balizamentos das mídias.

---

[90]SALLA Fernanda; TEIXEIRA Alessandra. O crime organizado entre a criminologia e a sociologia. Disponível em: https://www.scielo.br/j/ts/a/K7HHBqvBchTkKdwLVjybDwb/?format=pdf&lang=pt. Acesso em: 06 jun.2024.

CAPÍTULO 3. REALIDADE DO RIO DE JANEIRO CONTROLADA TERRITORIALMENTE POR ORGANIZAÇÕES CRIMINOSAS

Pesquisa realizada pelo IBGE e amplamente noticiada pelos meios de comunicação aponta que 3,7 milhões de pessoas habitam áreas dominadas pelo crime organizado; a milícia já controla 57% da área da cidade.[91]

O estudo indica que 2,1 milhões de pessoas (33% da população) vivem em área sob o comando de milícias; 1,1 milhão de pessoas (18,2% da população) vive em área dominada pelo Comando Vermelho; 337,2 mil pessoas (5,1% da população) vivem em área dominada pelo Terceiro Comando e 48,2 mil pessoas (0,7% da população) vivem em área dominada pelo "Amigos dos Amigos".[92]

Segundo o levantamento, até o fim de 2019, as milícias dominavam 25,5% dos bairros do Rio. O percentual representa 57,5% da superfície territorial da cidade, onde vivem 33,1% dos habitantes do município – ou seja, mais de 2 milhões dos cerca de 6,74 milhões habitantes calculados pelo Instituto Brasileiro de Geografia e Estatística (IBGE).[93]

Além disso, as facções do tráfico estão presentes em mais bairros da capital: 55 contra 41 das quadrilhas de milicianos, mas com

---

[91] SATRIANO, Nícolas. Rio tem 3,7 milhões de habitantes em áreas dominadas pelo crime organizado; milícia controla 57% da área da cidade, diz estudo. Disponível em: https://g1.globo.com/rj/rio-de-janeiro/noticia/2020/10/19/rio-tem-37-milhoes-de-habitantes-em-areas-dominadas-pelo-crime-organizado-milicia-controla-57percent-da-area-da-cidade-diz-estudo.ghtml. Acesso em: 19 jun.2024.

[92] *Ibid.*

[93] *Ibid.*

população menor – cerca de 1,5 milhão de habitantes nas áreas dominadas pelos traficantes.[94]

O estudo demonstra que o Comando Vermelho ocupa 24,2% dos bairros, o Terceiro Comando, 8,1%, e a facção criminosa Amigo dos Amigos, 1,9%. Somados, esses três grupos controlam, segundo o levantamento, 15,4% da extensão territorial do Rio. Além disso, o mapeamento também mostra que pouco mais de um quarto do território (25,2%) ainda está em disputa pelos grupos criminosos.[95]

Outro estudo demonstra que a área do Grande Rio — formada pela capital e pela Baixada Fluminense — controlada pelo crime organizado dobrou nos últimos 16 anos, um crescimento territorial de 105,73%.

A mais recente atualização do Mapa dos Grupos Armados revela ainda que a facção do tráfico de drogas Comando Vermelho foi a organização criminosa que mais se expandiu no estado em 2023, um aumento territorial de 8,4%. Se considerados os estudos desde 2008, porém, foram as milícias que mais cresceram em domínio de territórios: 204,6%. Os dados são do Instituto Fogo Cruzado junto ao Grupo de Estudos dos Novos Ilegalismos, da Universidade Federal Fluminense (GENI-UFF). [96]

O avanço do Comando Vermelho está associado especialmente a um período de perdas para as milícias na Zona Oeste da capital e na Baixada. Com a morte e a prisão de líderes desses grupos, além de disputa internas, entre milicianos, pela herança de territórios, o CV viu uma oportunidade de tentar retomar regiões que dominava no passado e até fazer uma ofensiva sobre postos-chave, como Rio das Pedras, um dos berços desses grupos paramilitares.[97]

---

94 *Ibid.*

95 *Ibid.*

96 MATHIAS Lucas. *Área do Grande Rio controlada pelo crime cresceu 105% desde 2008*. Disponível em: https://veja.abril.com.br/brasil/area-do-grande-rio-controlada-pelo-crime-cresceu-105-desde-2008#google_vignette. Acesso em: 19 jun.2024.

97 *Ibid.*

Contudo, segundo o site “O Antagonista”, houve expressiva mudança de cenário do crime organizado no Rio de Janeiro; uma virada significativa em 2023. De acordo com um novo estudo, o Comando Vermelho (CV) não apenas expandiu seu território, mas também se estabeleceu como a facção dominante na região metropolitana, superando as milícias em território controlado. Este artigo se propõe a examinar a dinâmica dessa mudança e suas possíveis implicações para a segurança pública.[98]

Relatório recentemente publicado pelo Instituto Fogo Cruzado em parceria com o GENI-UFF destaca aumento de 8,4% no território controlado pelo Comando Vermelho em 2023. Atualmente, essa organização criminosa controla 51,9%[99] do território dominado por grupos armados na metrópole, o que representa uma mudança significativa na balança de poder entre as facções criminosas.

Além disso, o avanço do Comando Vermelho na região metropolitana do Rio de Janeiro parece ter sido impulsionado por estratégias focadas em áreas como a Baixada Fluminense e o Leste Metropolitano.

Essas regiões juntas representaram 85% do território conquistado pela facção em 2023. Esse crescimento ocorre em um momento no qual as milícias tiveram redução de 19,3% do seu território controlado, o que sinaliza possível vulnerabilidade nas áreas antes dominadas com firmeza por tais grupos.[100]

De acordo com o observatório legislativo da intervenção federal na segurança pública do Estado do Rio de Janeiro. Historicamente o tráfico ocupa favelas e outros espaços pobres e segregados da cidade, em que a presença do Estado é baixa ou mesmo nula. A própria organização geográfica do espaço nas favelas favorece a ocupação dos traficantes. A favela cresce em vielas, becos, ruas estreitas de difícil

---

[98] O ANTAGONISTA. *Comando Vermelho domina RJ em 2023, superando milícias.* Disponível em: https://oantagonista.com.br/brasil/comando-vermelho-domina-rj-em-2023-superando-milicias/ Acesso em: 19 jun.2024.

[99] *Ibid.*

[100] *Ibid.*

acesso aos carros de polícia, e mesmo de pedestres que não conhecem os locais.[101]

Como já amplamente exposto nos capítulos anteriores, o Comando Vermelho surgiu em 1980, como uma grande empresa de tráfico de drogas do setor competitivo.

De acordo com artigo: "Os territórios do narcotráfico: Os morros do Rio de Janeiro" de Beatriz Maria Soares Pontes:

> *Com a Lei de Segurança Nacional, houve um enrijecimento da repressão aos grupos guerrilheiros de esquerda que se opunham ao regime militar. Os atos desses grupos eram considerados crimes de alta periculosidade, que afrontavam a segurança e a ordem nacional. Consequentemente, os guerrilheiros deveriam ser tratados como réus comuns e não como presos políticos. Na década de 1970 foram enviados para o presídio da Ilha Grande (litoral do Rio de Janeiro) tanto guerrilheiros de esquerda, quanto sequestradores e assaltantes de bancos, sem qualquer inclinação política de esquerda, o que permitiu troca de conhecimento: aos assaltantes interessavam, sobretudo, as táticas de organização dos grupos guerrilheiros. Essa convivência perdurou até a anistia ter sido concedida aos presos políticos.*[102]

O artigo ainda esboça:

> *Atualmente, a presença das milícias trouxe mais um adendo complicador no contexto social dos morros cariocas. Tais milícias são constituídas, principalmente, por ex-bombeiros e ex-policiais que resolveram "oferecer" proteção e segurança às comunidades integrantes das aludidas áreas. Todavia, a oferta de "proteção" prometida pelas milícias exige dos "protegidos" contribuição financeira. Caso os "representantes da comunidade protegida" não observarem, rigorosamente, os*

---

[101] RIO DE JANEIRO. *Grupos criminosos armados no estado do Rio de Janeiro*. Disponível em: https://olerj.camara.leg.br/retratos-da-intervencao/grupos-criminosos-armados-no-estado-do-rio-de-janeiro Acesso em: 19 jun.2024.

[102] PONTES, Beatriz Maria Soares. *Os territórios do narcotráfico: Os morros do Rio de Janeiro*. Disponível em: https://periodicos.ufpe.br/revistas/revistageografia/article/viewFile/228757/23170. Acesso em: 22 jun.2024.

> *encaminhamentos estabelecidos pelos líderes das milícias, estarão, igualmente, sujeitos a represálias dos mais variados tipos, entre elas, a perda da própria vida.*[103]

Como amplamente veiculado, o Comando Vermelho (CV) foi à única facção criminosa a aumentar seu domínio territorial de 2022 para 2023, no Grande Rio.[104]

De acordo com Grupo de Estudos dos Novos Ilegalismos da Universidade Federal Fluminense (Geni/UFF) e pelo Instituto Fogo Cruzado, a organização registrou um crescimento de 8,4%, passando a responder por 51,9% das áreas controladas por criminosos na região.[105]

Os locais onde o CV mais expandiu foram a Baixada Fluminense e o Leste Metropolitano. Já as milícias tiveram as maiores perdas na Baixada e na zona oeste da cidade do Rio de Janeiro.

Segundo o pesquisador do Geni/UFF Daniel Hirata, a morte de Ecko (Wellington da Silva Braga), uma das principais lideranças das milícias, gerou instabilidade no grupo. Outros grupos, sejam de outros milicianos ou do Comando Vermelho, aproveitaram essa oportunidade para avançar sobre essas áreas.[106]

Essa pesquisa também demonstrou ainda a evolução do controle territorial armado ilegal nos últimos 15 anos no Grande Rio. De acordo com o estudo, em 2008, 8,8% da área construída na região metropolitana era controlada por algum grupo criminoso. Em 2023, esse percentual mais do que dobrou, chegando a 18,2%. Concluindo-se ainda que ao longo desse período de comparação mais amplo, a milícia foi o grupo armado que mais cresceu no Grande Rio, triplicando sua área de controle entre 2008 e 2023.[107]

---

103 Ibid.

104 O ANTAGONISTA. *Comando Vermelho absoluto no Rio.* Disponível em: https://oantagonista.com.br/brasil/comando-vermelho-absoluto-no-rio/ Acesso em: 21 jun.2024.

105 Ibid.

106 Ibid.

107 *Ibid.*

Aqui, é de se mencionar que A ADPF 635[108] restringiu as operações policiais em favelas durante o período da pandemia, entre 2021 e 2022, permitindo apenas a realização de operações previamente comunicadas ao Ministério Público do Rio de Janeiro após o fim da situação de emergência sanitária.

O relatório elaborado pelo grupo de trabalho do Conselho Nacional de Justiça acompanhou de perto a segurança pública do Rio de Janeiro, realizando uma imersão no dia a dia das polícias e do sistema judiciário fluminense.[109]

No Rio de Janeiro, a zona violenta das Organizações Criminosas persegue o mesmo raciocínio, servindo-se de locupletamento ilícitos ou irregulares nos aglomerados urbanos de exclusão no mercado interno ou nas áreas próximas.[110]

Em artigo publicado, os autores Maria Salet Ferreira Novellino e Luiz Augusto Vieira de Oliveira, ambos da Escola Nacional de Ciências Estatísticas, ao discorrer sobre as caracterizações das organizações criminosas, eles asseguram que:

> *[...] na literatura acadêmica vigente, há correntes que alegam ser a Organização Criminosa um fenômeno integrado ao próprio Estado; portanto, um conditio sine qua non. Todavia, segundo o autor, majoritariamente se entende que a existência de tais Organizações não é nada mais que consequências de ações político-criminais, pois – frequentemente – a negativação de determinada conduta faz com que se apareça uma organização delitiva para explorar uma demanda social reprimida (isso quando a atividade empreendida não é predatória, mas oriunda de um simples ato de restringir um crime de perigo abstrato pelo Estado).*[111]

---

108 BRASIL. Conselho Nacional de Justiça. *CNJ apresenta relatório ao Supremo no âmbito da ADPF 635*. Disponível em: https://www.cnj.jus.br/cnj-apresenta-relatorio-ao-supremo-no-ambito-da-adpf-635/ Acesso em: 21 jun.2024.

109 *Ibid.*

110 HAESBAERT, R. *O mito da desterritorialização: Do "Fim dos Territórios" à Multiterritorialidade*. Rio de Janeiro: Bertrand Brasil, 2004. p. 22.

111 NOVELLINO, Maria Salete Ferreira; OLIVEIRA, Luiz Augusto Vieira de. *Territórios-rede do crime organizado no Rio de Janeiro*. p.4 Disponível em:

E prossegue a dissertar:

> *Outrossim, importante ressaltar as observações de Cepik e Borba, ao discordarem da primeira corrente (da relação construtiva entre o Estado e o Crime Organizado), principalmente das afirmações de Tilly apud Cepik e Borba, ao afirmar que "entre Estado e crime organizado há somente uma distinção de escala". Para os autores, é um fato que o capitalismo tem estimulado, há pelo menos cinco séculos, o contrabando, descaminho e estelionato em suas margens; assim, afirmam que a "tensão entre controle territorial e extroversão econômica é por natureza criminogênica".*[112]

Concluindo que:

> *Todavia, Cepik e Borba filiam-se a segunda corrente citada por von Lampe, ou seja, a relação não é simbiótica nem predatória, mas parasitária. O Crime Organizado não pensa ser, dominar ou destruir o Estado ou a estrutura social, mas se aproveitar destes, obtendo lucros com o impedimento – em regra – de certos produtos e serviços considerados ilícitos. "A existência do parasita está condicionada à sobrevivência do hospedeiro", assim afirmaram os autores.*[113]

Conforme mencionado acima sobre a ADPF 635, a Polícia Civil do Estado do Rio de Janeiro enviou relatório ao Conselho Nacional de Justiça, apontando a expansão do crime organizado nesse período.[114]

Ocorre que, indo além, neste ano de 2024, a Milícia, após o falecimento de um de seus membros que pertenciam à alta cúpula, Matheus da Silva Rezende – conhecido como "Teteu" e "Faustão" –

---

http://xviiienanpur.anpur.org.br/anaisadmin/capapdf.php?reqid=460. Acesso em: 21 jun.2024.

112 *Ibid.*

113 CEPIK, M.; BORBA, P. *Crime organizado, estado e segurança internacional.* p.389. Disponível em: https://www.scielo.br/j/cint/a/yc9kXFhYxqNPJXDJHNPPBNB/abstract/?lang=pt. Acesso em: 22 jun.2024.

114 BRASIL, ref. 105.

apontado como o número 2 na hierarquia da milícia comandada pelo tio morto em confronto policial, causou uma verdadeira desordem no Estado, fazendo com que o Estado do Rio de Janeiro estivesse em todas as páginas de jornal do Brasil e do Mundo.[115]

A estimativa é que, inicialmente, fora causado um prejuízo financeiro somente com veículos de mais de R$ 35.000.000 (trinta e cinco milhões de reais). Os cidadãos além de terem cerceados seu direito de ir e vir, ainda eram obrigados a deixar o transporte público às pressas para que os integrantes destas organizações criminosas ateassem fogo.[116]

A Zona Oeste viveu dias de terror, temor e tremor. Além dos 35 (trinta e cinco) ônibus incendiados, outros veículos e pneus também foram incendiados, fechando diversas vias em bairros como Campo Grande, Santa Cruz, Paciência, Guaratiba, Sepetiba, Cosmos, Recreio, Inhoaíba, Barra, Tanque e Campinho. Somente nesta Região, vive mais de 1 (um) milhão de pessoas.[117]

Para tentar conter a grande devastação a que se dedicava os meliantes, foi necessário deslocar um contingente de cerca de 200 (duzentos) militares e 15 (quinze) quartéis do Bombeiro Militar do Estado do Rio de Janeiro, que foram acionados para combater as chamas.[118]

Cerca de 45 (quarenta e cinco) escolas foram afetadas, deixando, aproximadamente, 17.251 (dezessete mil, duzentos e cinquenta e um) alunos sem aulas. Em alguma dessas escolas, discentes e docentes precisaram manter-se dentro delas para ao menos tentar permanecer em segurança.[119]

---

[115] GLOBO. *Recorde de 35 ônibus queimados em 1 dia no Rio afeta passageiros e gera prejuízo de mais de R$ 35 milhões.* Disponível em: https://g1.globo.com/rj/rio-de-janeiro/noticia/2023/10/24/recorde-de-35-onibus-queimados-em-1-dia-afeta-passageiros-e-gera-prejuizo-de-mais-de-r-35-milhoes.ghtml. Acesso em: 21 jun.2024.

[116] *Ibid.*

[117] *Ibid.*

[118] *Ibid.*

[119] *Ibid.*

A imagem acima ilustra como o ônibus incendiado ficou.

Assim, é notório que o controle de territórios dominados pelo Crime Organizado vem se tornando cada vez maior, contribuindo de forma inconteste para o aumento de homicídios e demais ilícitos:

> *O tráfico e a exploração O de negócios ilegais pela milícia liderada por Luís Antônio da Silva Braga, o Zinho, em parte de Itaguaí, na Baixada Fluminense, ajudaram a impulsionar os homicídios no município, em 2022. (...) Atualmente, a milícia de Zinho controla a exploração de atividades ilegais, como cobrança de taxas de segurança e transporte alternativo, no Bairro do Chaperó.*[120]

Na mesma linha:

---

120 GLOBO. Milícia e Tráfico juntos impulsionam crimes em Itaguaí a cidade mais violeta do Rio de Janeiro. Disponível em: https://oglobo.globo.com/brasil/noticia/2023/07/20/milicia-e-trafico-juntos-impulsionam-crimes-em-itaguai-a-cidade-mais-violenta-do-rio-de-janeiro.ghtml. Acesso em: 21 jun.2024.

> *A Polícia Militar fez operações em bairros da região metropolitana do Rio. O objetivo foi acabar com 'braços' financeiros da milícia do criminoso Zinho. As ações se concentraram nas comunidades do Chaperó, Mangueira Mazomba, Ponte Preta, Reta e Canto do Rio, em Itaguaí, na região metropolitana do Rio.*[121]

Mas, não se pode negar que o crime organizado aproveitou o âmbito da ADPF 635 para expandir seus negócios ilícitos. Prova disso está no relatório enviado ao CNJ. A Polícia Civil do Estado do Rio de Janeiro descreve no documento:

> *Após a implementação da ADPF [Arguição de Descumprimento de Preceito Fundamental] 635, que impôs restrições à atuação policial, houve um aumento significativo nos confrontos territoriais. Ficou evidente que o Comando Vermelho, a maior organização criminosa do Rio de Janeiro, está expandindo suas operações e buscando maximizar seus domínios territoriais. Eles têm empreendido guerras por disputas territoriais em toda a Zona Oeste, buscando assumir o controle total de áreas como Gardênia Azul, Rio das Pedras, Muzema, Tijuquinha, Morro do Banco, César Maia e Terreirão, o que provocou uma desordem em toda a região da Barra da Tijuca, Recreio dos Bandeirantes, Itanhangá, Jacarepaguá e Vargens, aumentando significativamente a sensação de insegurança da população.*[122]

Essa situação tem se agravado, porque criminosos de outras regiões do país estão migrando para o Rio de Janeiro. Os dados coletados mostraram que pelo menos 113 (cento e treze) lideranças de facções de diversos estados estariam escondidas no Rio.[123]

O relatório também mostra que "A possibilidade de um policial acabar ferido durante uma ação no estado do Rio é 725 vezes maior do

---

121 RECORD. *Polícia faz operação em regiões dominadas pela milícia de Zinho*. Disponível em: https://recordtv.r7.com/cidade-alerta-rj/videos/policia-faz-operacao-em-regioes-dominadas-pela-milicia-de-zinho-26102023. Acesso em: 25 jun.2024.

122 BRASIL, ref. 105.

123 *Ibid.*

que um soldado norte-americano que esteve em combate na Guerra do Golfo e quatro vezes maior se comparada com a segunda guerra mundial, de acordo com as conclusões dos estudos do presidente da Comissão de Análise da Vitimização da Polícia Militar do Estado do Rio de Janeiro, coronel Fábio Cajueiro.[124]

Importante destacar que o instituto fogo cruzado discordou do tema ao expor que:

> *O crime organizado está em expansão ininterrupta no Rio de Janeiro desde 2008, como mostra o Mapa dos Grupos Armados produzido pelo Fogo Cruzado e o Geni. Em 2008, 9% da área da região metropolitana era dominada por uma organização criminosa. Em 2021 era 20%. Não foi por conta da ADPF que o crime organizado se expandiu. Ele se expandiu pelo mesmo motivo que o faz há quase 20 anos: porque não temos política de segurança pública voltada para desarticular esses grupos.*[125]

Ainda de acordo com o instituto "A restrição das operações em comunidades, nunca seguida integralmente, foi fundamental para reduzir as mortes provocadas pelas polícias no estado, uma vez que mostrou que as ações policiais sem planejamento prejudicam a população".[126]

No entanto, é mister trazer à tona a conclusão do CNJ sobre o tema quais foram:

> *Ao fim do relatório, o CNJ pede que se defina com mais precisão, através da fixação de mais parâmetros, o que seria a "excepcionalidade" para permitir ou não as operações policiais em solo fluminense, uma vez que a necessidade de mais clareza foi levantada pelo Ministério Público estadual e ratificada pelas Polícias Civil e Militar do Estado.*[127]

---

124 *Ibid.*

125 *Ibid.*

126 *Ibid.*

127 CNN BRASIL. *Polícia relata expansão do crime organizado após STF restringir ações em favelas.* Disponível em https://www.cnnbrasil.com.br/nacional/rj-policia-relata-expansao-do-crime-

Dessa forma:

> *O CNJ chega a listar critérios apontados pela Polícia Civil para liberação das operações, como o comprometimento à ordem pública provocado pelos conflitos armados entre organizações criminosas; a atuação em legítima defesa em ataques armados a agentes estatais ou a órgãos públicos; o cumprimento de medidas judiciais cautelares; a atuação preventiva acerca da expansão do domínio territorial de áreas sensíveis; entre outros.*[128]

E concluiu *prima facie* que:

> *O Conselho também destacou o que chamou de graves problemas estruturais nas perícias criminais feitas no estado, uma vez que podem atrapalhar a elucidação de casos. A sugestão apontada é uma estrutura hierárquica da polícia técnico-científica que tenha "independência e autonomia institucional", ou seja, sem ligação com a polícia.*[129]

Importante destacar o que Maria Salet Ferreira Novellino e Luiz Augusto Vieira de Oliveira, ambos da Escola Nacional de Ciências Estatísticas, ressaltam em seu artigo publicado:

> *Passados quase 18 anos da Comissão Parlamentar de Inquérito destinada a investigar o avanço e a impunidade do narcotráfico, as rotas de vinda das drogas e armas para o Rio de Janeiro continuam semelhantes: Estradas e Rodovias Federais, vindas do Mato Grosso ou Mato Grosso*

---

organizado-apos-stf-restringir-acoes-em favelas/#:~:text=O%20CNJ%20chega%20a%20listar,o%20cumprimento%20de%20medidas%20judiciais. Acesso em: 11 set.2024

128CNN BRASIL. *Polícia relata expansão do crime organizado após STF restringir ações em favelas*. Disponível em https://www.cnnbrasil.com.br/nacional/rj-policia-relata-expansao-do-crime-organizado-apos-stf-restringir-acoes-em-favelas/#:~:text=O%20CNJ%20chega%20a%20listar,o%20cumprimento%20de%20medidas%20judiciais. Acesso em: 11 set.2024

129 *Ibid.*

> *do Sul, e também do Paraná ou São Paulo, passando por municípios fluminenses do interior, como Piraí, Rezende e Volta Redonda, até chegar nos grandes hubs do tráfico (verdadeiros entrepostos do comércio).*[130]

Segue ainda:

> *Como rotas marítimas, as drogas e armas entram pela Baía de Guanabara, Baía de Sepetiba, Angra dos Reis e Região dos Lagos, destacando também o Porto de Santos (São Paulo). Recentemente, a Polícia Civil do Rio de Janeiro conseguiu apreender 60 fuzis vindos dos Estados Unidos em aquecedores de piscina, no Aeroporto Internacional Tom Jobim; segundo investigações da PCERJ, mais de três mil fuzis entraram no Rio de Janeiro da mesma forma.*[131]

Bruno Paes Manso, um dos pesquisadores mais respeitados, em artigo publicado pela BBC News, foi categórico ao afirmar que a proximidade das organizações criminosas com o Poder favorecia a milícia em disputa por territórios no Estado do Rio de Janeiro.

No citado artigo, o pesquisador expõe:

> *As milícias passaram a organizar a venda de drogas e o tráfico passou a organizar outros tipos de negócios. Então, realmente eles se aproximaram. Mas as diferenças ainda são importantes. A influência das milícias no governo e a capacidade dos milicianos em garantir votos para*

---

[130]NOVELLINO, Maria Salete Ferreita; OLIVEIRA, Luiz Augusto Vieira de. *Territórios-rede do crime organizado no Rio de Janeiro.* p.4 Disponível em: http://xviiienanpur.anpur.org.br/anaisadmin/capapdf.php?reqid=460. Acesso em: 21 jun.2024.

[131] CNN BRASIL. *Polícia relata expansão do crime organizado após STF restringir ações em favelas.* Disponível em https://www.cnnbrasil.com.br/nacional/rj-policia-relata-expansao-do-crime-organizado-apos-stf-restringir-acoes-em-favelas/#:~:text=O%20CNJ%20chega%20a%20listar,o%20cumprimento%20de%20medidas%20judiciais. Acesso em: 11 set.2024

> *parlamentares e influenciar a política do Rio e as instituições é muito maior.*[132]

E conclui que:

> *Basta ver as operações policiais que se concentram fundamentalmente em áreas de tráfico de drogas. A população desses bairros, que são sujeitas à tirania dos traficantes, acaba também ficando sujeita às operações de guerra da polícia.*
>
> *Então, milícias e tráfico estão mais próximos. Mas as milícias, por serem formadas principalmente por policiais e terem sociedades com policiais, têm mais influência no Estado e, por isso, estão menos sujeitas às operações policiais que os traficantes.*[133]

É possível dizer que não demorou muito tempo para que isto se confirmasse: a proximidade da milícia com o poder. O Ministério Público do Estado do Rio de Janeiro (MPRJ), por meio da Procuradoria-Geral de Justiça, denunciou a deputada estadual Lucia Helena Pinto de Barros, por integrar a milícia conhecida como "Bonde do Zinho", "Tropa do Z" ou "Família Braga", chefiada por Luis Antonio da Silva Braga, o Zinho. De acordo com as investigações, a deputada fazia parte do núcleo político da organização criminosa.[134]

A denúncia, subscrita pelo Procurador-Geral de Justiça, Luciano Mattos, por meio da Assessoria de Atribuição Originária Criminal (AAOCRIM/MPRJ), foi oferecida na quinta-feira (06/06/2024) ao Órgão Especial do Tribunal de Justiça (TJRJ) e relata que:

---

132 MANSO, Bruno Paes. *Proximidade com poder favorece milícias em disputa por territórios no Rio, diz pesquisador.* Disponível em: https://www.bbc.com/portuguese/articles/cj5vz5pjv7yo. Acesso em: 28 jun.2024.

133 *Ibid.*

134 BRASIL. Ministério Público do Rio de Janeiro. *MPRJ denuncia deputada estadual Lucinha e ex-assessora por integrarem milícia.* Disponível em:https://www.mprj.mp.br/web/guest/visualizar?noticiaId=146601. Acesso em: 28 jun.2024.

> *Com base nas informações coletadas durante a operação "Dinastia I", a milícia era composta por um núcleo operacional, composto por três subgrupos: as lideranças principais, as lideranças locais, com atuação específica nas áreas de domínio do grupo, e os assessores, também conhecidos como soldados ou informantes, ligados à liderança principal e responsáveis pelo contato com integrantes das forças de segurança, execução do patrulhamento e segurança, entre outras funções.*[135]

Com o avanço das investigações e no curso do inquérito policial que originou a operação "Dinastia II", identificou-se a existência de outros dois núcleos: o núcleo financeiro, destinado à lavagem de capitais obtidos com as práticas criminosas, e o núcleo político, integrado por Lucinha e Ariane e cuja função era a defesa dos interesses dos criminosos junto ao Poder Público.[136]

Um trecho da denúncia relata:

> *Em múltiplos episódios, constata-se a clara interferência das denunciadas na esfera política, junto a autoridades policiais e políticas, ora para favorecer os interesses da organização criminosa, ora para blindá-la das iniciativas estatais de combate ao grupo e ora para livrá-los de ações policiais, garantindo a impunidade dos seus integrantes.*[137]

Entre os episódios em que a denunciada interferiu politicamente em favor dos criminosos, a denúncia descreve que, em julho de 2021, a deputada forneceu ao grupo informações privilegiadas relacionadas à agenda de visitas do prefeito do Rio, Eduardo Paes, à Zona Oeste,

---

135 *Ibid.*

136 BRASIL. Ministério Público do Rio de Janeiro. *MPRJ denuncia deputada estadual Lucinha e ex-assessora por integrarem milícia.* Disponível em: https://www.mprj.mp.br/web/guest/visualizar?noticiaId=146601. Acesso em: 28 jun.2024.

137 *Ibid.*

permitindo que os milicianos retirassem seus integrantes das ruas das localidades dominadas pela organização criminosa.[138]

> *Houve, também, tentativa de interferência junto ao prefeito e demais autoridades municipais para que fosse mantida a chamada "Brecha da P5" no transporte público alternativo municipal, maior fonte de obtenção direta de recursos da milícia. Desta forma, o grupo poderia explorar o serviço fora do itinerário determinado, aumentando a arrecadação das vans.*
>
> *Além disso, as denunciadas receberam do grupo criminoso informações privilegiadas sobre a prática de crimes cujas investigações se encontravam em curso para, em última instância, interferir no curso destas e determinar a linha investigativa a ser seguida pelos investigadores.*[139]

Segue ainda:

> *A denúncia também aponta que, em novembro de 2021, a deputada prestou auxílio a membros do "Bonde do Zinho" presos em flagrante, para liberá-los da captura. No mesmo período, ainda segundo a ação penal, a deputada tentou interferir junto ao Comando da Polícia Militar e ao alto escalão político da Assembleia Legislativa (ALERJ) para remover dos cargos os comandantes da 8ª Delegacia de Polícia Judiciária Militar e do 27º Batalhão de Polícia Militar, em razão do combate dos agentes à organização criminosa.140*
>
> *As investigações também demonstraram que, entre junho de 2021 e março de 2022, as denunciadas mantiveram encontros frequentes com as principais lideranças do grupo miliciano, entre eles Zinho, em média duas vezes por mês, para estabelecer as linhas da interferência que seriam exercidas junto à Alerj. Além disso, a denúncia também relata que*

138 *Ibid.*
139 MANSO, Bruno Paes. *Proximidade com poder favorece milícias em disputa por territórios no Rio, diz pesquisador.* Disponível em: https://www.bbc.com/portuguese/articles/cj5vz5pjv7yo. Acesso em: 28 jun.2024.
140 *Ibid.*

> *Lucinha nomeou como assessores em seu gabinete, entre 2021 e 2023, integrantes e parentes de integrantes da organização criminosa.*[141]

Os fatos tomaram a imprensa Nacional. Afinal, não deveria ser comum membros de um parlamento serem envolvidos de forma tão direta nas organizações criminosas. No entanto, esse não foi um fato isolado na vida da mencionada parlamentar. Em que pese esta denúncia ter sido ofertada em Junho de 2024, em dezembro de 2023, ela já havia sido afastada pelo Egrégio Tribunal de Justiça do Estado do Rio de Janeiro.

Mas, mais que isso, alvo de buscas, nesta segunda-feira (18), parte da Operação Batismo, da Polícia Federal (PF) e da Procuradoria-Geral de Justiça do Ministério Público do Rio de Janeiro (MP-RJ).[142]

Já nessa operação, o MPRJ apontava a parlamentar como um braço do crime organizado. A investigação aponta que a deputada auxiliava uma das maiores e mais poderosas e violentas do Rio e com forte atuação na região populosa de Campo Grande e Santa Cruz, na Zona Oeste da capital fluminense.[143]

No dia em que houve a fase ostensiva na casa da parlamentar, foram encontradas várias armas em sua residência, contudo, tendo em vista sua imunidade formal, ela não pôde ser presa em flagrante.[144]

A parlamentar era denominada pela liderança da ORCRIM como "Madrinha da milícia,[145] Portanto, corroborando com o que foi explanado nos capítulos anteriores, o crescimento do crime organizado

---

141 *Ibid.*

142 GLOBO. *Deputados acreditam que Lucinha, afastada do cargo pela Justiça há mais de um mês, deve voltar à Alerj.* Disponível em: https://g1.globo.com/rj/rio-de-janeiro/noticia/2024/02/07/lucinha-afastada-do-cargo-alerj.ghtml Acesso em: 28 jun.2024.

143 *Ibid.*

144 *Ibid.*

145METRÓPOLES. *Madrinha da milícia: deputada Lucinha é afastada pela Justiça.* Disponível em: https://www.metropoles.com/brasil/saiba-quem-e-a-deputada-lucinha-madrinha-da-milicia-alvo-da-pf. Acesso em: 28 jun. 2024.

se deve ao apoio que esses criminosos possuem de membros de poderes da República para causarem os maiores danos na sociedade.

São incontáveis os cidadãos que são vítimas da vilania e da insensatez destas organizações criminosas que crescem diuturnamente e dominam o Estado do Rio de Janeiro.

É importante enfatizar que tudo que foi exposto anteriormente contra a parlamentar foi obtido em fase investigatória. O processo ainda está em fase embrionária. Portanto, será facultado a ela o contraditório, a ampla defesa e o devido processo legal. Dessa forma, frisa-se que o que se tem até agora são fortes indícios de autoria por parte da Deputada, o que, como se sabe, é suficiente para o início de uma persecução penal.

Outro caso que envolveu também um parlamentar Federal, um membro do Tribunal de Contas da União e dois Delegados de Polícia: assassinato de Marielle Franco. A vereadora até a data do homicídio exercia o cargo na Municipalidade do Rio de Janeiro. O crime ocorreu em 2018.[146]

O deputado federal Chiquinho Brazão (sem partido-RJ), do conselheiro do Tribunal de Contas do Estado do Rio de Janeiro, Domingos Brazão e o delegado de Polícia Civil Rivaldo Barbosa são apontados pela Polícia Federal como mandantes dos assassinatos de Marielle e do motorista Anderson Gomes. Assim, são suspeitos de terem praticado os crimes de homicídio, pertencimento a organização criminosa e obstrução das investigações.[147]

No ato de cumprimento do mandado de prisão preventiva dos parlamentares, a Polícia Federal cumpriu dois mandados de prisão preventiva contra Robson Calixto da Fonseca, assessor de Domingos Brazão, e o policial militar Ronald Alves de Paula, conhecido como major Ronald. Considerado um dos líderes de uma milícia na zona

---

[146]CONJUR. PGR *denuncia irmãos Brazão e delegado por assassinato de Marielle.* Disponível em: https://www.conjur.com.br/2024-mai-09/pgr-denuncia-irmaos-brazao-e-delegado-por-assassinato-de-marielle/. Acesso em: 28 jun. 2024.
[147]*Ibid.*

oeste do Rio de Janeiro, o major Ronald atualmente cumpre pena em uma penitenciária federal por outros crimes.[148]

> *As primeiras suspeitas sobre a ligação da família Brazão com as milícias veio à tona em 2008, com a divulgação do relatório da CPI das Milícias na Assembleia Legislativa do Rio de Janeiro (ALERJ).*
>
> *Primeiro acusado a depor na CPI, em 9 de setembro de 2008, o vereador Josinaldo Francisco da Cruz, o Nadinho de Rio das Pedras (DEM), afirmou que Domingos Brazão, então deputado pelo PMDB, teria sido eleito com o apoio da milícia de Rio das Pedras.*[149]

Ainda segue:

> *De acordo com o relatório, Domingos e Chiquinho Brazão teriam influência política na área de atuação da milícia na 15ª região administrativa de Madureira. Segundo o documento, o grupo seria formado por civis, policiais civis e policiais militares e teria 14 milicianos, com atuação na exploração de serviços, como sinal de TV a cabo, venda de imóveis, gás e comércio. Apesar das citações, a família Brazão não teve pedido de indiciamento pela CPI.*[150]

Conclui-se que, além dos chamados "crime de colarinho branco", muitos membros dos parlamentos Municipal, estadual e Federal possuem fortes ligações com o crime organizado. Além disso, atuam para proteger e fomentar essas organizações criminosas, que, assolam a sociedade. Tudo isso, em troca de seus apoios políticos.[151]

---

148 *Ibid.*

149 UOL. *Suspeitos de matar Marielle, Chiquinho E Domingos Brazão tem histórico político no Rio.* Disponível em: https://noticias.uol.com.br/ultimas-noticias/agencia-estado/2024/03/24/suspeitos-de-matar-marielle-chiquinho-e-domingos-brazao-tem-historico-politico-no-rio-entenda.htm. Acesso em: 28 jun. 2024.

150 UOL. *Suspeitos de matar Marielle, Chiquinho E Domingos Brazão tem histórico político no Rio.* Disponível em: https://noticias.uol.com.br/ultimas-noticias/agencia-estado/2024/03/24/suspeitos-de-matar-marielle-chiquinho-e-domingos-brazao-tem-historico-politico-no-rio-entenda.htm. Acesso em: 28 jun. 2024.

151 *Ibid.*

Portanto, não seria leviano expor que se o crime organizado no Estado do Rio de Janeiro cresceu de forma tão significativa, isso ocorreu também por conta dos fortes auxílios concedidos pelos detentores do "poder" e da "caneta".

Parafraseando Beatriz Maria Soares Pontes "É com a fragilização do Estado-Nação e a insegurança das sociedades e economias nacionais, diante de suas inter-relações com redes transnacionais de capitais e pessoas, que a influência crescente do crime global pode provocar um retrocesso significativo dos direitos, valores e instituições democráticas".
Os territórios do narcotráfico: os morros do Rio de Janeiro[152]

À Conta dessas razões, vale findar este capítulo com o que expos Luiz Henrique Correa de Souza ao falar das milícias no rio de janeiro e das consequências dela.

> *As milícias no Rio de Janeiro são organizações criminosas que dominam comunidades através de extorsão, ameaças e violência, alegando oferecer segurança em troca de dinheiro. Esses grupos são formados principalmente por policiais, bombeiros e ex-militares e a sua existência tem graves consequências para a segurança do estado e dos seus habitantes. Primeiramente, as milícias corrompem as instituições policiais, enfraquecendo a aplicação da lei e minando a confiança da população nas autoridades. Além disso, esses grupos frequentemente se envolvem em atividades criminosas, como tráfico de drogas, agiotagem e grilagem de terras, aumentando a criminalidade e a violência nas áreas que controlam. A presença das milícias também impede uma atuação eficaz do Estado em áreas vulneráveis, limitando o acesso a serviços públicos, como educação e saúde, e perpetuando o ciclo de pobreza e exclusão social.*[153]

---

[152] PONTES, Beatriz Maria Soares. *Os territórios do narcotráfico: Os morros do Rio de Janeiro.* Disponível em: https://periodicos.ufpe.br/revistas/revistageografia/article/viewFile/228757/23170. Acesso em: 22 jun.2024.

[153] SOUZA, Luiz Henrique Correa. *As milícias no Rio de Janeiro e as consequências da sua existência na segurança pública do estado.* Disponível em: https://periodicorease.pro.br/rease/article/view/11693. Acesso em: 28 jun. 2024.

Em sede de conclusão:

> *Para enfraquecer as milícias e restaurar a segurança no Rio de Janeiro, é necessário um esforço conjunto que envolva a restrição das forças de segurança, a proteção dos envolvidos e a implementação de políticas sociais que abordem as causas subjacentes ao problema. Essa é uma tarefa desafiadora, mas essencial para garantir um ambiente seguro e estável para as comunidades do Rio de Janeiro.*[154]

Conclui-se, portanto este capítulo, com a certeza de que 3,7 milhões de habitantes convivem em áreas dominadas pela milícia e pelo crime organizado. Isso não é um fato que ocorreu por si só, mas, com forte ajuda de quem possui o dever e a obrigação de combater tais ilícitos penais, mas, que, no entanto, só pensam em seu próprio bem-estar e poder.

---

154 *Ibid.*

CAPÍTULO 4. O ESTADO DO RIO DE JANEIRO, ORGANIZAÇÕES CRIMINOSAS, MECANISMOS E DESAFIOS DAS AUTORIDADES DE SEGURANÇA PÚBLICA

Foi apresentado no capítulo anterior um vasto acervo com significativo crescimento do Crime Organizado no Estado do Rio de Janeiro. Os índices são assustadores. Este capítulo abrangerá os mecanismos do crime organizado. Ao tratar do tema, Adriano Oliveira leciona que:

> *[...] utilizando a explicação por mecanismos, analisa empiricamente a ação de diversos grupos criminosos. Em consequência, ele aponta as principais peças que integram os mecanismos do fenômeno da criminalidade organizada: poder institucional cooperativo, poder econômico e a própria organização criminosa. Essas peças podem estar ou não em processo de interação.*[155]

Em artigo publicado pela Sei Elo Brasil, com o título: "As peças e os mecanismos do crime organizado em sua atividade tráfico de drogas", Adriano Oliveira nos traz um pensamento sobre o mecanismo do crime organizado, o que mapeia parte do que será explanado. Ratton Júnior, ao tratar do mecanismo do crime organizado, finaliza:

> *[...] explicar é fornecer mecanismos, abrir a caixa-preta e mostrar as peças e engrenagens, porcas e parafusos da maquinaria interna da vida social. O termo mecanismo relaciona-se a cadeias intencionais de um objetivo para*

---

155 OLIVEIRA, Adriano. *As peças e os mecanismos do fenômeno tráfico de drogas e do crime organizado.* Disponível em: https://repositorio.ufpe.br/bitstream/123456789/1397/1/arquivo4814_1.pdf. Acesso em: 04 jul. 2024.

> *uma ação, como também cadeias causais de um evento para o seu efeito. O papel dos mecanismos é duplo: eles nos tornam capazes de ir do maior para o menor, das sociedades para os indivíduos [...]. Um mecanismo fornece uma cadeia contínua e contígua de links intencionais e causais: ele abre uma caixa-preta, que é uma falha, algo obscuro, na cadeia explicativa.*[156]

Reportando, novamente, a Adriano Oliveira, de forma direta, é assim que funciona: "Quando uma organização criminosa decide buscar agentes estatais para cooperar com ela, evidencia-se que o Estado é um meio que poderá proporcionar o aumento dos seus benefícios, ou garantir o funcionamento estável das suas atividades".[157]

E prossegue:

> *Regras que viabilizam instituições podem ser criadas intencionalmente pelos atores para possibilitar acordos. Por exemplo: um grupo de indivíduos (grupo A) deseja maximizar seus benefícios, mas só pode conseguir seu objetivo se cooperar com o grupo B, que também deseja fazer o mesmo. Os grupos desejam a cooperação, mas faltam regras que as possibilitem. Nesse sentido, as regras serão criadas pelos grupos para regulamentar e orientar suas ações, possibilitando, assim, a maximização dos benefícios de todos.*[158]

É notório saber que combater as organizações criminosas é dever do Ministério Público, das Policias (Civil e Federal) e, por fim, do Poder Judiciário. Como já foi exposto, o crime organizado tenta chegar a toda parte, sobretudo, aproximando-se de detentores do poder, da caneta. Aqui, mais precisamente, Delegados, Promotores e Procuradores de Justiça e/ou da República e Magistrados. Embora não seja rotineiro ver

156 RATTON JÚNIOR, José Luiz de Amorim. *Ulisses Liberto ou Prometeu Acorrentado?: Virtudes e Limites da Explicação da Ação na Obra de Jon Elster.* p.176/177 Disponível em: https://repositorio.ufpe.br/bitstream/123456789/9819/1/arquivo9354_1.pdf. Acesso em: 04 jul. 2024.

157 OLIVEIRA, Adriano. *As peças e os mecanismos do fenômeno tráfico de drogas e do crime organizado.* Disponível em: https://repositorio.ufpe.br/bitstream/123456789/1397/1/arquivo4814_1.pdf. Acesso em: 04 jul. 2024.

158 *Ibid.*

Juízes e Promotores afastados de seus cargos por envolvimento com o crime organizado, o fato é que, ainda assim, isso existe.

O ano era 2014, quando o Brasil foi surpreendido com a notícia de que o Juiz Amaury de Lima e Souza fora afastado de seu cargo e preso preventivamente por ordem da então relatora do processo no órgão especial do Tribunal de Justiça do Estado de Minas Gerais, Desembargadora Márcia Maria Milanez. A investigação apontava o envolvimento do Magistrado que atuava na Vara de Execuções Penais da Comarca de Juiz de Fora com o tráfico internacional. Justamente por ser algo difícil de se ver, o caso tomou os noticiários.[159]

Em 2014, quando a Polícia Federal deflagrou a operação "Athos", com o fito de desbaratar uma quadrilha de tráfico internacional de drogas que agia em Minas Gerais, São Paulo, Rio de Janeiro, Paraná, Santa Catarina e Mato Grosso do Sul, as investigações apontaram várias decisões judicias e sentenças assinadas pelo então Magistrado, que beneficiava traficantes de drogas obtendo, mediante pagamento, decisões judiciais favoráveis aos criminosos.

A atuação do Magistrado não se restringia apenas a sua Comarca de Juiz de Fora, mas detentos de outras cidades e até de outros estados que eram captados e transferidos para a comarca do Juízo, onde conseguiam por meio do então juiz da Vara de Execuções Penais, benefícios como progressão de regime de pena, saídas temporárias e prisão domiciliar.[160]

Aqui, o caso se findou com a punição administrativa de aposentadoria compulsória e judicialmente o Magistrado fora

---

159 GLOBO. *Juiz Amaury de Lima, preso em ação contra tráfico internacional de drogas em Juiz de Fora, é condenado a mais de 20 anos.* Disponível em: https://g1.globo.com/mg/zona-da-mata/noticia/2022/10/28/juiz-amaury-de-lima-preso-em-acao-contra-trafico-internacional-de-drogas-em-juiz-de-fora-e-condenado-a-mais-de-20-anos.ghtml. Acesso em: 04 jul. 2024.
160 *Ibid.*

condenado a 24 (vinte e quatro) anos, 04 (quatro) meses e 08 (oito) dias de prisão, em regime fechado.[161]

Em outro caso similar, o Conselho Nacional do Ministério Público (CNMP) determinou o afastamento do promotor de Justiça Zanony Passos Silva Filho. O membro do Ministério Público era acusado de extorquir o então Presidente da Câmara de São Luiz do Maranhão.

O citado Promotor é titular da 4ª Promotoria de Justiça de Defesa do Patrimônio Público e da Probidade Administrativa do Ministério Público do Maranhão. Aqui, ele exigia vantagens para abster-se de cumprir seu ofício.

Nas matérias estampadas, dizia-se:

> *O Promotor Zanony utilizou-se do seu cargo de Promotor de Justiça da Probidade(!) para ameaçar diversos vereadores ao argumento de que havia supostas irregularidades no tocante a emendas parlamentares e que o Reclamante exigiu para si diversos cargos ao valor de R$ 10.000,00 (dez mil reais) mensais, caso contrário, deflagaria as investigações e representaria por cautelares, inclusive de prisão.*[162]

Percebe-se que, enquanto o caso citado do Magistrado ocorreu em 2014, o do Promotor em questão se deu ainda neste ano de 2024. Nota-se que, para aqueles que trabalham de forma séria, a luta é ainda maior, uma vez que além de lutar contra o crime organizado propriamente dito, quando se esbarra com membros de "Poderes" e integrantes das organizações criminosas, tudo fica mais difícil.

---

161 GLOBO. *Juiz Amaury de Lima, preso em ação contra tráfico internacional de drogas em Juiz de Fora, é condenado a mais de 20 anos.* Disponível em: https://g1.globo.com/mg/zona-da-mata/noticia/2022/10/28/juiz-amaury-de-lima-preso-em-acao-contra-trafico-internacional-de-drogas-em-juiz-de-fora-e-condenado-a-mais-de-20-anos.ghtml. Acesso em: 04 jul. 2024.

162 GLOBO. *CNMP determina afastamento de promotor de justiça acusado de extorsão pelo presidente da Câmara de SL.* Disponível em: https://g1.globo.com/ma/maranhao/noticia/2024/01/16/promotor-acusado-de-extorsao-pelo-presidente-da-camara-de-sl-e-afastado-do-cargo-por-decisao-do-cnmp.ghtml. Acesso em: 08 jul. 2024.

No capítulo anterior, foi demonstrado o envolvimento de parlamentares com o crime organizado, aqui, os de membros do Ministério Público e do Poder Judiciário. Tudo isso demonstra o mecanismo, a perspicácia e a ousadia do crime organizado, que se instala em todas as esferas.

Retomando sobre o tema de segurança pública no Rio de janeiro, pode-se destacar que esse Estado é a unidade da federação que mais gasta com segurança, proporcionalmente ao seu orçamento, mas, ainda assim, os resultados em segurança pública são os piores possíveis. Como já foi discutido anteriormente, o Rio de janeiro sofreu uma intervenção em 2018. Ressalte-se, a primeira intervenção federal na gestão da política de segurança depois da ditadura militar.

Alexandre Ciconello, especialista em políticas públicas e orçamento, consultor da Rede de Observatórios da Segurança, elaborou um estudo que mostra como a segurança pública é o setor do governo que receberá a maior fatia de recursos públicos depois da previdência social. O planejamento de 2020 previa uma dotação de R$ 12,7 bilhões, ou 15,7% do orçamento do estado.[163]

É preciso trazer à baila que a política de segurança pública teve seu ditame referencial dado pelo Constituinte ao prever a Constituição Federal em seu artigo 144, "A segurança pública, dever do Estado, direito e responsabilidade de todos, é exercida para a preservação da ordem pública e da incolumidade das pessoas e do patrimônio, através dos seguintes órgãos".[164]

---

[163]CICONELLO, Alexandre. *A política de segurança pública do Rio de Janeiro é ineficiente e financeiramente insustentável. Rio de Janeiro.* Disponível em: https://cesecseguranca.com.br/textodownload/a-politica-de-seguranca-publica-do-rio-de-janeiro-e-ineficiente-e-financeiramente-insustentavel/. Acesso em: 11 jul. 2024.

[164]BRASIL. [Constituição (1988)]. *Constituição da República Federativa do Brasil de 1988.* Brasília, DF: Presidência da República, [2024]. Disponível em: https://www.planalto.gov.br/ccivil_03/constituicao/constituicaocompilado.htm. Acesso em: 11 jul. 2024.

Como expôs Alexandre Ciconello em seu artigo publicado, o constituinte foi sucinto e vago "em definir os objetivos norteadores da política de segurança pública, limitando-se a defini-la como um direito, garantido pelo Estado através de ações de preservação da ordem pública (de forma genérica) e da incolumidade (integridade) das pessoas e do patrimônio (de forma ampla)".[165]

Como exposto, a principal área final onde o Estado do Rio de Janeiro investe seus recursos é a segurança pública e, ainda assim, é um caos. Enquanto se investe R$ 6.907.355.982 na segurança pública, na educação, por exemplo, se investe R$ 3.702.173.290.[166]

Nota-se que, mesmo investindo bilhões na segurança pública, os desafios ainda são os maiores. Mas, apesar dos pesares, houve uma queda nos registros dos últimos anos, o estado do Rio de Janeiro teve um prejuízo estimado em quase R$ 390 milhões por conta dos roubos de carga no ano de 2022, com uma média de 12 casos diários, de acordo com a Federação das Indústrias do RJ (Firjan).[167]

O Rio de Janeiro, como se sabe, é a segunda maior Cidade do Brasil e do hemisfério sul. Seus pontos turísticos são amplamente conhecidos, sua cultura é deslumbrante. No entanto, diariamente os cidadãos cariocas, empresários e turistas são assombrados pela insegurança pública, tendo que driblar homens com armamentos sofisticados a mando do crime organizado. Assim, necessário frisar o que expôs José Vicente da Silva Filho ao escrever sobre o desafio da segurança pública no Estado do Rio de Janeiro:

---

[165] CICONELLO, Alexandre. *A política de segurança pública do Rio de Janeiro é ineficiente e financeiramente insustentável. Rio de Janeiro.* Disponível em: https://cesecseguranca.com.br/textodownload/a-politica-de-seguranca-publica-do-rio-de-janeiro-e-ineficiente-e-financeiramente-insustentavel/. Acesso em: 11 jul. 2024.

[166] *Ibid.*

[167] CORREIO DA MANHÃ. *Rio de Janeiro:* os desafios de segurança pública que assombram o cartão postal do Brasil. Disponível em: https://www.correiodamanha.com.br/opiniao/2023/09/95981-rio-de-janeiro-os-desafios-de-seguranca-publica-que-assombram-o-cartao-postal-do-brasil.html. Acesso em: 04 jul. 2024.

> *A complexidade da segurança do Rio de Janeiro exige respostas proporcionalmente complexas. O refinamento do diagnóstico para se promover um programa de restruturação do aparato policial e administrativo da segurança pública demanda um trabalho mais amplo do que aqui expomos, à guisa de contribuição para esse debate tão urgente. Sugerimos dentro das limitações de nosso conhecimento da realidade da polícia e da segurança do Rio de Janeiro, com a certeza de que o desenvolvimento de soluções passa, necessariamente, pela discussão com os próprios policiais cariocas. Ninguém conhece mais e sofre mais a realidade da segurança do Rio e caberá a eles implementar as soluções.*[168]

É inegável que, diante das graves crises que se descortinam a segurança pública no Estado do Rio de Janeiro, exige-se das forças de segurança um trabalho mais firme e enérgico em combater o crime organizado. Aqui, sim, uma atuação conjunta entre os Poderes Executivo, Legislativo e Judiciário, bem como, do Ministério Público.

Ao tomar posse, o atual Governador do Estado do Rio de Janeiro, Cláudio Castro, foi enfático em dizer que a segurança pública era o seu principal desafio para o corrente ano de 2024.

Conforme matéria amplamente publicada, o governador expôs que, em 2023, a segurança pública fluminense recebeu um investimento de R$ 2 bilhões no setor de inteligência. Foi implementado o Sistema de Videomonitoramento de mais de 150 câmeras com reconhecimento facial e leitura de placa nas orlas, vias expressas e principais túneis da Região Metropolitana, além da integração do 190, que agora recebe imagens de videomonitoramento de locais públicos e privados das cidades. Ao todo, são 230 mil dispositivos monitorados em todo o estado.[169]

---

168 SILVA FILHO, José Vicente da. *Rio de Janeiro o Desafio da segurança pública.* Disponível em: http://iepecdg.com.br/wp-content/uploads/2018/04/RIO-DE-JANEIRO-O-DESAFIO-DA-SEGURANCA18JUN07.pdf Acesso em: 04 jul. 2024.

169O DIA. *Governo aponta segurança pública como principal desafio de 2024.* Disponível em: https://odia.ig.com.br/rio-de-janeiro/2023/12/6756694-governo-faz-balanco-de-acoes-e-aponta-seguranca-como-principal-desafio-de-2024.html.pdf. Acesso em: 04 jul. 2024.

Houve ainda a inauguração de 20 novos núcleos do programa Bairro Presente, reforma de Batalhões da Polícia Militar e a aquisição de mais de 530 novas viaturas para a corporação, semiblindadas, para que os policiais consigam atirar de dentro do veículo, em situações de risco. Segundo o Governo, o resultado do investimento aparece em dados do Instituto de Segurança Pública (ISP) que apontam queda de 28% na Letalidade Violenta (homicídio doloso e lesão corporal seguida de morte), em outubro deste ano, no comparativo com o mesmo mês de 2022.[170]

Na Policia Civil, houve investimentos nos setores de inteligência e tecnologia, por meio da criação do Comitê de Inteligência Financeira e Recuperação de Ativos (Cifra), acordo de cooperação técnica firmado entre o Governo do Estado e o Ministério da Justiça e Segurança Pública para combater organizações criminosas por meio de asfixia financeira. A instituição ainda passou a contar com um novo sistema de análise de dados, que é referência mundial.[171]

O professor Rogério Greco é pontual ao expor:

> *O Brasil é regido por uma Constituição Federal, criada em 1988, a qual já em seu art. 1.º constitui como regime político o Estado Democrático de Direito:*
>
> *O Estado de Direito é aquele que se submete ao império da Lei. A lei, portanto, como enunciação da vontade geral, para nos valer-se da expressão cunhada por Rousseau, e adotada pelo art. 6.º da Declaração dos Direitos do Homem e do Cidadão, de 1789, deve ser aplicada a todos, indistintamente. Segundo o pensamento ilustrado, o "governo das leis" aparece como um ideal em face do "governo dos homens".*[172]

---

170 O DIA. *Governo aponta segurança pública como principal desafio de 2024*. Disponível em: https://odia.ig.com.br/rio-de-janeiro/2023/12/6756694-governo-faz-balanco-de-acoes-e-aponta-seguranca-como-principal-desafio-de-2024.html.pdf. Acesso em: 04 jul. 2024.

171 *Ibid.*

172 GRECO. *Sistema Prisional: Colapso atual e soluções alternativas*. 4. ed. rev., ampl. e atual. Niterói. RJ: Impetus, 2017. p.28.

Renata Targino Almeida da Mota Assevera expondo mais:

> *Dito isso, fica evidente a incoerência e inadmissibilidade em se ter homens se organizando, em nome do crime, criando normas e regras, as quais vão de encontro às do ordenamento jurídico pátrio, formando um verdadeiro governo dos homens, se assim for possível chamar.*[173]

E conclui ainda: "O Estado de Direito não pode, em hipótese alguma, se omitir diante da criação de um poder paralelo, o qual dita suas próprias regras, não reconhecendo a legitimidade da Carta Magna".[174]

Como já foi exposto, neste capítulo, a Constituição Federal atribuiu a responsabilidade de segurança pública aos Estados, ou seja, seus órgãos de polícia seja militar ou civil. Imperioso se faz enfatizar que diversos doutrinadores, inclusive o professor Guilherme de Souza Nucci, em sua obra "Direitos Humanos versus Segurança Pública",[175] aponta para o artigo que conferiu a competência em epigrafe às policias, para o apontado ponto: a responsabilidade também é imputada a todos, portanto, nada mais justo, do que atribuí-la aos órgãos vinculados à Justiça Criminal.

A segurança pública, como fica claro, não é atividade ou responsabilidade exclusiva da polícia civil ou militar. Cuida-se de dever de todos, em particular dos órgãos realmente vinculados à Justiça

[173] MOTA, Renata Targino Almeida da. *As Organizações Criminosas como desafio para as Ciências Penais e a Segurança Pública no Estado do Rio Grande do Norte/RN*. Disponível em: https://institutorogeriogreco.com.br/2022/11/04/organizacoes-criminosas-como-desafio-para-as-ciencias-penais-e-a-seg-publica-no-estado-do-rio-grande-do-norte/#:~:text=Segundo%20Greco%2C%20o%20legislador%20ao,54. Acesso em: 10 jul. 2024.

[174] *Ibid.*

[175] NUCCI, Guilherme de Souza. *Organização Criminosa.* 5. ed. Rio de Janeiro: Forense, 2020. p.41.

Criminal, como o Ministério Público, a Defensoria Pública e o Judiciário.[176]

Em outro momento, que se mostra fatal no que pertence a segurança pública de acordo com Lincoln D'Aquino Filocre (apud Guilherme de Souza Nucci), visa dar uma resposta à criminalidade, por meio de ações preventivas e reativas, dirimindo, dessa forma, os riscos para a coletividade.[177]

Segurança pública é a ausência de risco correspondente ao interesse da sociedade, tomada esta não só como a soma das individualidades, mas como um corpo qual seja a coletividade. Segurança pública é o conjunto das ações preventivas e reativas, de natureza pública, que, em resposta ao fenômeno da criminalidade, volta-se ao alcance ou a manutenção da ordem pública e que tem como fim último proporcionar aos indivíduos, na convivência social, a fruição de relações pautadas no direito básico de liberdade, garantidas a segurança jurídica – proteção contra repressão arbitrária do Estado – e a segurança material – proteção contra agressões de todo tipo.[178]

Por tudo que foi exposto até aqui, não é demais concluir que as organizações criminosas são letais e uma ameaça diária e constante para a segurança pública. E, muitas das vezes, além de contar com agentes públicos para obterem êxito na malta criminosa, se estruturam através de negócios com objetivos ilícitos para causar danos ao Estado e à sociedade. Parafraseando o Professor Nucci, estas que ferem o corolário maior da CF/88, a Dignidade da Pessoa Humana, princípio constitucional do qual originam-se todos os outros no ordenamento pátrio brasileiro.

O crime organizado provoca uma reação em cadeia, ferindo a dignidade humana a fundo, pois as lesões causadas abarcam valores inestimáveis

---

176 *Ibid.*

177 FILOCRE, Lincoln D'Aquino, *Direito de Segurança Pública: Limites Jurídicos Para Políticas de Segurança Pública.* São Paulo: Almedina, 2010 *apud* NUCCI, Guilherme de Souza. *Organização Criminosa.* 5. ed. Rio de Janeiro: Forense, 2020. p.40.

178 *Ibid.*

> *para a vida em sociedade. É preciso considerar que a organização criminosa se forma em todos os níveis sociais. Na camada mais pobre, emerge o tráfico de drogas. No setor economicamente favorecido, surgem os crimes tributários, econômicos e financeiros, mas sempre lastreados pela corrupção. De todo modo, o crime organizado se entranha na Administração Pública e corrói várias personalidades consideradas de nível elevado, cultural e economicamente.*[179]

A intenção desta monografia foi deixar claro que as organizações criminosas, além de se entranharem na vida dos cidadãos, também fazem o mesmo na administração pública e se vale do controle do estado para conseguirem benefícios espúrios em seu bem próprio.

À conta dessas razões e pela notória urgência, resta demonstrada a necessidade de união entres os poderes e órgãos e, aqui, diga-se em *latu sensu*, a fim de se realizar uma política de segurança que atue com eficiência e com o peso necessário e satisfatório, acima é a despeito de tudo no forte combate às organizações criminosas.

O Ministério Público do Estado do Rio de Janeiro, assim como outros Estados, criou o Grupo de Combate ao Crime Organizado – GAECO, com o fito de combater com maior efetividade o crime organizado. Tal tema foi motivo da ação direta de inconstitucionalidade (ADI-7170) apresentada pela Associação dos Delegados de Polícia do Brasil (ADEPOL).

Contudo, ao julgar o tema, o Supremo Tribunal Federal reconhece constitucionalidade de norma que reestruturou GAECO do MP-RJ.

Entendendo que a norma estabeleceu a estruturação de órgão administrativo interno de cooperação com os promotores naturais, o Supremo Tribunal Federal reconheceu a constitucionalidade da resolução que reorganizou o Grupo de Atuação Especializada de

---

179 NUCCI, Guilherme de Souza. *Organização Criminosa*. 5. ed. Rio de Janeiro: Forense, 2020. p.103.

Combate ao Crime Organizado (GAECO) do Ministério Público do Rio de Janeiro (MP-RJ).

A relatora da ação de constitucionalidade Ministra Cármen Lúcia destacou que a resolução não dispõe especificamente sobre a tramitação de inquéritos policiais de procedimentos administrativos de investigação ou de ações penais, e que, nos dispositivos impugnados, apenas se estabeleceu a estruturação de órgão administrativo interno de cooperação com os promotores naturais.

E, indo além, ela também ressaltou que a estruturação interna, por ato do PGJ, de grupos de atuação especializada fundamenta-se nos artigos 10, incisos V, VIII e IX, alínea "a", e 24 da Lei Orgânica Nacional do Ministério Público (Lei nº 8.625/1993).

Por fim, a ministra pontuou que, como titular da ação penal, o Ministério Público é o destinatário das atividades de investigação para apuração de ilícitos criminais.

Assim, a Ministra relatora entendeu que cabia ao Ministério Público intervir diretamente nas investigações, requisitando diligências e podendo investigar diretamente, de forma supletiva à atividade policial. Não foi apresentada pela autora alguma circunstância apta a superar o precedente firmado no Recurso Extraordinário 593.727, devendo ser privilegiada a segurança jurídica e o respeito à tese firmada em repercussão geral, devidamente fundamentada.[180]

Ademais, em outra ocasião, o Supremo Tribunal Federal asseverou no julgamento do Recurso Extraordinário 593.727:

> *(Relator o Ministro Cezar Peluso, Redator para o acórdão o Ministro Gilmar Mendes, DJe 8.9.2015), o Plenário deste Supremo Tribunal firmou a tese de que " o Ministério Público dispõe de competência para promover, por autoridade própria, e por prazo razoável, investigações de natureza penal, desde que respeitados os direitos e garantias que assistem*

180 CONJUR. *STF Reconhece constitucionalidade de norma.* Disponível em: https://www.conjur.com.br/wp-content/uploads/2023/09/stf-reconhece-constitucionalidade-norma.pdf Acesso em: 05 jul. 2024.

> *a qualquer indiciado ou a qualquer pessoa sob investigação do Estado, observadas, sempre, por seus agentes, as hipóteses de reserva constitucional de jurisdição e, também, as prerrogativas profissionais de que se acham investidos, em nosso País, os Advogados (Lei nº 8.906/94, art. 7º, notadamente os incisos I, II, III, XI, XIII, XIV e XIX), sem prejuízo da possibilidade – sempre presente no Estado democrático de Direito – do permanente controle jurisdicional dos atos, necessariamente documentados (Súmula Vinculante nº 14), praticados pelos membros dessa Instituição.*[181]

Segue ainda o julgado:

> *Repercussão geral. Recurso extraordinário representativo da controvérsia. Constitucional. Separação dos poderes. Penal e processual penal. Poderes de investigação do Ministério Público. 2. Questão de ordem arguida pelo réu, ora recorrente. Adiamento do julgamento para colheita de parecer do Procurador-Geral da República. Substituição do parecer por sustentação oral, com a concordância do Ministério Público. Indeferimento. Maioria. 3. Questão de ordem levantada pelo Procurador-Geral da República. Possibilidade de o Ministério Público de estado-membro promover sustentação oral no Supremo. O Procurador-Geral da República não dispõe de poder de ingerência na esfera orgânica do Parquet estadual, pois lhe incumbe, unicamente, por expressa definição constitucional (art. 128, § 1º), a Chefia do Ministério Público da União. O Ministério Público de estado-membro não está vinculado, nem subordinado, no plano processual, administrativo e/ou institucional, à Chefia do Ministério Público da União, o que lhe confere ampla possibilidade de postular, autonomamente, perante o Supremo Tribunal Federal, em recursos e processos nos quais o próprio Ministério Público estadual seja um dos sujeitos da relação processual. Questão de ordem resolvida no sentido de assegurar ao Ministério Público estadual a prerrogativa de sustentar suas razões da tribuna. Maioria. 4. Questão constitucional com repercussão geral. Poderes de investigação do Ministério Público. Os artigos 5º, incisos LIV e LV,*

[181] BRASIL. Supremo Tribunal. *Recurso Extraordinário 593.727*. Relator: Min. Cezar Peluso, 14 de maio de 2015. Disponível em: https://portal.stf.jus.br/processos/downloadPeca.asp?id=307671331&ext=.pdf. Acesso em: 05 jul.2024.

> *129, incisos III e VIII, e 144, inciso IV, § 4º, da Constituição Federal, não tornam a investigação criminal exclusividade da polícia, nem afastam os poderes de investigação do Ministério Público. Fixada, em repercussão geral, tese assim sumulada: 'O Ministério Público dispõe de competência para promover, por autoridade própria, e por prazo razoável, investigações de natureza penal, desde que respeitados os direitos e garantias que assistem a qualquer indiciado ou a qualquer pessoa sob investigação do Estado, observadas, sempre, por seus agentes, as hipóteses de reserva constitucional de jurisdição e também, as prerrogativas profissionais de que se acham investidos, em nosso País, os Advogados (Lei 8.906/94, artigo 7º, notadamente os incisos I, II, III, XI, XIII, XIV e XIX), sem prejuízo da possibilidade – sempre presente no Estado democrático de Direito – do permanente controle jurisdicional dos atos, necessariamente documentados (Súmula Vinculante 14), praticados pelos membros dessa instituição'. Maioria. 5. Caso concreto. Crime de responsabilidade de prefeito. Deixar de cumprir ordem judicial (art. 1º, inciso XIV, do Decreto-Lei nº 201/67). Procedimento instaurado pelo Ministério Público a partir de documentos oriundos de autos de processo judicial e de precatório, para colher informações do próprio suspeito, eventualmente hábeis a justificar e legitimar o fato imputado. Ausência de vício. Negado provimento ao recurso extraordinário. Maioria.*[182]

Portanto, nota-se que a jurisprudência do Supremo Tribunal Federal se reafirmou no sentido de que os poderes investigativos do Ministério Público decorrem implicitamente do monopólio da titularidade da ação penal conferida ao órgão pelo inc. I do art. 129 da Constituição da República, não se tratando de atividade exclusiva da polícia judiciária.[183]

Como titular da ação penal, o Ministério Público é o destinatário das atividades de investigação para apuração de ilícitos criminais.

---

182 BRASIL. Supremo Tribunal. *Recurso Extraordinário 593.727*. Relator: Min. Cezar Peluso, 14 de maio de 2015. Disponível em: https://portal.stf.jus.br/processos/downloadPeca.asp?id=307671331&ext=.pdf. Acesso em: 05 jul.2024.

183 BRASIL. [Constituição (1988)]. *Constituição da República Federativa do Brasil de 1988*. Brasília, DF: Presidência da República, [2024]. Disponível em: < https://www.planalto.gov.br/ccivil_03/constituicao/constituicaocompilado.htm>. Acesso em: 11 jul. 2024.

Aquelas atividades realizam-se na fase pré-processual (inquérito policial). Assim, a ele cabe intervir diretamente nas investigações, requisitando diligências e podendo investigar diretamente, de forma supletiva à atividade policial.

A criação do grupo de combate ao crime organizado – GAECO é uma forte tentativa de combater essas organizações criminosas, O GAECO tem por finalidade identificar, prevenir e reprimir o crime organizado e as atividades ilícitas especializadas no Estado do Rio de Janeiro, bem como integrar Promotorias e Procuradorias de Justiça para atuações conjuntas.

Sendo suas Atribuições:

> *I - Oficiar nas representações, inquéritos policiais, procedimentos investigatórios de natureza criminal, peças de informação, medidas cautelares, ações penais e procedimentos administrativos que recomendem atuação especializada, por solicitação justificada do Promotor investido de atribuição ou, mediante anuência do Promotor Natural, por designação direta do Procurador-Geral de Justiça ou do Subprocurador-Geral de Justiça de Atribuição Originária Institucional e Judicial.*
>
> *II - Coordenar ações e forças-tarefas destinadas à prevenção, investigação e combate ao crime organizado e às atividades ilícitas especializadas e, promove e acompanha investigações e intercâmbio de informações com órgãos de inteligência e investigação.*
>
> *De acordo com o balanço divulgado pelo Grupo de atuação e combate ao crime organizado do MPRJ, foram obtidos os seguintes resultados.*
>
> *Com foco na asfixia financeira das mais variadas organizações criminosas, o Grupo de Atuação Especializada no Combate ao Crime Organizado requereu à Justiça, de janeiro a dezembro de 2023, o bloqueio de mais de R$ 9 milhões das contas de pessoas investigadas por crimes como tráfico de drogas, milícia armada, contravenção, pirâmide financeira e outras práticas. Foram mais de 70 ações penais ajuizadas com 483 denunciados.*

> *Também foram realizadas cerca de 70 operações, com o apoio da Coordenadoria de Segurança e Inteligência (CSI/MPRJ).*[184]

> *O GAECO/MPRJ, por meio da Força-Tarefa Marielle e Anderson (FTMA/MPRJ), em parceria com a Polícia Federal, deflagrou a operação Élpis, que prendeu o ex-bombeiro Maxwell Simões Corrêa. Em julho, em uma nova denúncia à Justiça na investigação que apura os homicídios da vereadora Marielle Franco e do motorista Anderson Gomes, o GAECO/MPRJ revelou a participação de Maxwell no duplo homicídio e tentativa de homicídio contra a assessora da parlamentar. Em uma delação premiada firmada com o MPRJ e a PF, o ex-PM Élcio de Queiroz apontou a participação de Maxwell no crime, confessou que dirigiu o carro usado no ataque e confirmou que Ronnie Lessa fez os disparos.*[185]

Em complemento:

> *No combate a crimes praticados por contraventores que exploram jogos de azar, o GAECO/MPRJ e a Polícia Civil deflagraram, também em julho, a operação Ás de Ouro II, para prender Bernardo Bello e outros cinco integrantes da organização criminosa, pelo assassinato de um advogado, ocorrido em maio de 2022, em Niterói. De acordo com as investigações, Bernardo e o braço financeiro da organização, Allan Diego Magalhães Aguiar, foram os mandantes do crime, que contou com a participação dos outros quatro denunciados. Na mesma linha, já no fim de novembro, o GAECO/MPRJ e a PF também prenderam o chefe da contravenção que atua na Zona Norte do Rio de Janeiro.*
>
> *Já no combate à ocupação irregular do solo, a Força-Tarefa de Enfrentamento à Ocupação Irregular do Solo Urbano (GAECO/FT-OIS) em parceria com a Secretaria Municipal de Ordem Pública (Seop), realizou operações para demolição de construções irregulares em áreas*

184 BRASIL. Ministério Público do Rio de Janeiro. *GAECO/MPRJ apresenta balanço da atuação ao longo de 2023.* Disponível em: https://www.mprj.mp.br/web/guest/visualizar?noticiaId=137701. Acesso em: 05 jul. 2024.

185 BRASIL. Ministério Público do Rio de Janeiro. *GAECO/MPRJ apresenta balanço da atuação ao longo de 2023.* Disponível em: https://www.mprj.mp.br/web/guest/visualizar?noticiaId=137701. Acesso em: 05 jul. 2024.

> *dominadas pelo tráfico e pela milícia. Foram dezenas de ações realizadas na Rocinha, na Maré, no Recreio dos Bandeirantes, na Barra da Tijuca entre outros bairros.*
>
> *Em ações contra traficantes, o GAECO/MPRJ e a PF prenderam, na operação Pontual, o integrante de organização criminosa responsável pelo tráfico de drogas e o roubo de cargas em São Gonçalo. O preso também transportava traficantes, armas e drogas entre diversas comunidades dominadas por uma das principais facções do Rio.*[186]

A notícia ainda apresenta o seguinte:

> *Em novembro de 2023, o grupo também denunciou à Justiça ex-gestores públicos de Nova Friburgo, pelo crime de peculato. Na operação Pátio Ilegal, deflagrada em outubro, foram denunciados os sócios de uma empresa que leiloaram indevidamente ao menos 162 veículos apreendidos em inquéritos policiais e/ou processos judiciais, dos quais tinham a posse em razão de contrato firmado com a Prefeitura de Barra Mansa. Os denunciados teriam embolsado indevidamente mais de R$ 3 milhões.187*
>
> *O GAECO/MPRJ identifica, previne e reprime o crime organizado e as atividades ilícitas especializadas em todo o Estado do Rio de Janeiro. O grupo também promove e acompanha investigações e intercâmbio de informações com órgãos de inteligência e investigação.*[188]

Observa-se que os resultados apontados anteriormente ocorreram ao longo do ano de 2023. É notório que o Grupo de combate ao crime organizado vem se mostrando eficiente na descapitalização das organizações criminosas. No entanto, são enormes os desafios a serem enfrentados contra as ORCRIMs.

---

186 *Ibid.*

187 *Ibid.*

188 *Ibid.*

À conta do que até aqui foi exposto, a segurança pública estatal é incitada a estar sempre modernizando e rastreando formas de combater as organizações criminosas.[189]

Já em vias conclusivas, remeto-me ao que expôs Renata Mota em seu artigo: As Organizações Criminosas como desafio para as Ciências Penais e a Segurança Pública: "o ideal é impedir que as facções surjam, pois depois que elas se estruturam fica difícil combatê-las"[190].

Dessa forma, prossegue:

> *no entrave com o crime organizado, nas pacificações de comunidades, por exemplo, não adianta expulsar as facções, se o estado não se fizer presente todos os dias, o dia todo, em forma de escola, de serviços de saúde, de acesso à justiça e todos os órgãos públicos que oferecem serviços que garantam a dignidade da pessoa humana.*[191]

Finalizando:

> *Assim sendo, deve-se continuar reprimindo o crime organizado, não há dúvidas quanto a isso, entretanto, necessita-se de um Plano de Ação Articulado de Prevenção ao Crime Organizado em Conjunto entre a Secretaria da Segurança Pública e da Defesa Pessoal e a Secretaria do Estado da Educação, da Cultura, do Esporte e do Lazer.*[192]

Os cariocas, turistas e todos os cidadãos sonham com o dia em que a segurança pública vencerá a guerra que se encontra travada,

---

189 BRASIL. Ministério Público do Rio de Janeiro. *GAECO/MPRJ apresenta balanço da atuação ao longo de 2023.* Disponível em: https://www.mprj.mp.br/web/guest/visualizar?noticiaId=137701. Acesso em: 05 jul. 2024.

190 MOTA, Renata Targino Almeida da. *As Organizações Criminosas como desafio para as Ciências Penais e a Segurança Pública no Estado do Rio Grande do Norte*/RN. Disponível em: https://institutorogeriogreco.com.br/2022/11/04/organizacoes-criminosas-como-desafio-para-as-ciencias-penais-e-a-seg-publica-no-estado-do-rio-grande-do-norte/#:~:text=Segundo%20Greco%2C%20o%20legislador%20ao,54. Acesso em: 10 jul. 2024.

191 *Ibid.*

192 *Ibid.*

sonham com os dias em que os *flashs* bonitos das novelas de Manoel Carlos sairão da ficção e que os dias possam ter a leveza que o citado autor trazia em sua arte.

Sonham com versos de Tim Maia: "Do Leme ao Pontal, não há nada igual no Mundo". Que a alma carioca possa cantar como Tom Jobim: "Vejo o Rio de Janeiro, estou morrendo de saudade, Rio seu mar, praias sem fim, Rio você foi feito pra mim". E que possam dizer como Fernanda Abreu: "Rio 40 graus Cidade maravilha"; "Purgatório da beleza"; Mas, sem o "caos". E, aí sim cantar como cantou Gilberto Gil: "O Rio de Janeiro continua lindo, o Rio de Janeiro continua sendo" e, até quem sabe relembrar Vinicius de Moraes e Tom Jobim vendo a garota de Ipanema no doce balanço a caminho do mar.

E, que por fim, o hino da Cidade do Rio de Janeiro seja ecoado por todos: "Cidade Maravilhosa, cheias de encantos mil, Cidade maravilhosa, coração do meu Brasil".

Parafraseando a Professora Renata Mota: Somente prendendo os responsáveis pelas transações milionárias enviadas para o exterior, os responsáveis por negociar a compra e venda em grande escala de armamentos e drogas, somente tirando de ação quem realmente faz a facção funcionar que será possível desarticular uma ORCRIM e não, simplesmente, prendendo os soldados do crime, facilmente substituíveis.[193]

Findo com o grande Poeta Carlos Drummond de Andrade, pois, assim como todos indagam sobre o que aconteceu com esta Cidade?

"A gente passa, a gente olha, a gente para e se extasia. Que aconteceu com esta cidade da noite para o dia? O Rio de Janeiro virou

193 MOTA, Renata Targino Almeida da. *As Organizações Criminosas como desafio para as Ciências Penais e a Segurança Pública no Estado do Rio Grande do Norte/RN*. Disponível em: https://institutorogeriogreco.com.br/2022/11/04/organizacoes-criminosas-como-desafio-para-as-ciencias-penais-e-a-seg-publica-no-estado-do-rio-grande-do-norte/#:~:text=Segundo%20Greco%2C%20o%20legislador%20ao,54. Acesso em: 10 jul. 2024.

flor nas praças, nos jardins dos edifícios, no Parque do Flamengo nem se fala: é flor é flor é flor"[194]

Na esperança e na confiança que dias melhores virão e que o Estado sairá vitorioso nessa luta contra o crime organizado.

[194] ANDRADE, Carlos Drummond. *Rio em Flor de Janeiro – Carlos Drummond de Andrade.* Disponível em: https://sempreviva.wordpress.com/2016/03/02/rio-em-flor-de-janeiro-carlos-drummond-de-andrade/. Acesso em: 11 jul. 2024.

CONCLUSÃO

Em vias conclusivas do presente trabalho, conseguiu-se findar a ideia de que é possível compreender que as organizações criminosas são as organizações sociais que se adaptaram melhor aos novos modelos de desenvolvimento econômico e aos novos fenômenos da economia. Inúmeros motivos históricos que estão na estrutura dessas ORCRIMs mafiosas explicam esse acontecimento.

A capacidade relacional das ORCRIMs s é o elemento constitutivo mais importante das máfias e da diferença de muitas outras organizações criminosas. As outras têm como objetivo cometer delitos, enriquecer por meio do delito. Para tanto elas podem corromper qualquer um, mesmo funcionários públicos, policiais, etc.

No entanto, essas ORCRIMs não têm o que as máfias têm, ou seja, a capacidade de fazer relações, o que é diferente da relação de corrupção (comprar a fidelidade de alguém). Travar relações significa inserir-se no mercado econômico, no mundo dos negócios, interagir com tudo o que se conecta ao mundo da economia.

A exemplo dessa capacidade relacional, pode-se expor uma tentativa à época do, hoje atual Presidente da República Luiz Inácio Lula da Silva, que, juntamente com a Presidente em exercício daquele ano, quiseram manobrar a justiça, na oportunidade, a então Presidente do Brasil nomeava o Lula para o ocupar cargo de Ministro de Estado afim de lhe garantir um foro privilegiado e, por consequência, escapar dos processos que respondia junto a 13ª Vara Federal de Curitiba.

Portanto, é possível observar que alguns membros de organizações criminosas possuem mecanismos para a todo tempo tentar burlar, driblar e fugir das punições que a Lei impõe.

Diante de fenômenos excepcionais e dramáticos, a legislação de combate à organização criminosa precisa enfrentar situações de exceções as quais aparecem dentro da Constituição e dos Direitos Humanos. É necessário encontrar um ponto de equilíbrio entre a exigência de proteger a sociedade frente a um fenômeno dramático e o respeito aos princípios constitucionais.

No Estado do Rio de Janeiro, é notória a atuação de determinadas estruturas criminosas como verdadeiras frações paralelas. Para obter vantagens financeiras, utilizam diversos meios como o constrangimento de comerciantes.

Como amplamente exposto, um dos fitos da criminologia é o controle social sobre o ilícito penal. Portanto, sua estruturação é expressiva para o aprendizado desse fato social de jeito alvo, atinado e, semelhantemente, de maneira a conceber avanços hábeis não apenas no entendimento do acontecimento, mas no operativo combate a ele.

Por tudo que foi dito até aqui, conclui-se que as organizações criminosas são letais e uma ameaça diária e constante para a segurança pública. E, muitas das vezes, além de contar com agentes públicos para obterem êxito na malta criminosa, se estruturam através de negócios com objetivos ilícitos para causar danos ao Estado e à sociedade. Parafraseando o Professor Nucci, estas que ferem o corolário maior da CF/88, a Dignidade da Pessoa Humana, princípio constitucional do qual originam-se todos os outros no ordenamento pátrio brasileiro.

A intenção desta monografia foi deixar claro que as organizações criminosas, além de se entranharem na vida dos cidadãos, também fazem o mesmo na administração pública e se vale do controle do estado para conseguirem benefícios espúrios em seu bem próprio.

À conta dessas razões e pela notória urgência, resta demonstrada a necessidade de união entres os poderes e órgãos e, aqui, diga-se em latu sensu, a fim de se realizar uma política de segurança que atue com eficiência e com o peso necessário e satisfatório, acima é a despeito de tudo no forte combate às organizações criminosas.

REFERÊNCIAS

ACOSTA, Fernando. **Ilegalismos privilegiados**. Antropolítica, 2004.

ALVES, Débora Batista **Aspectos criminológicos da mente perigosa**: psicopata. Disponível em: http://repositorio.unifametro.edu.br/bitstream/123456789/555/1/D%c3%89BORA%20BATISTA%20ALVES_TCC.pdf. Acesso em: 06 jun.2024.

ANDRADE, Carlos Drummond. **Rio em Flor de Janeiro – Carlos Drummond de Andrade**. Disponível em: https://sempreviva.wordpress.com/2016/03/02/rio-em-flor-de-janeiro-carlos-drummond-de-andrade/. Acesso em: 11 jul. 2024.

Aula Ministrada pela Professora Anna Sergi Tema: **Organizações criminais, emigração e internacionalização**. Curso Combate ao Crime Organizado. Academia Juris Roma: Roma. Abril de 2024.

Aula Ministrada pela Professora Michele Prestipino. Tema: **Combate ao crime organizado experiência italiana**. Curso Combate ao Crime Organizado. Academia Juris Roma: Roma. Abril de 2024.

Aula Ministrada pela Professora Paola Di Nicola Travaglini Tema: **O Papel das Mulheres nas organizações criminosas**. Curso Combate ao Crime Organizado. Academia Juris Roma: Roma. Abril de 2024.

Aula Ministrada pelo Professor Alberto Vannucci. Tema: **Organizações criminais da corrupção dinâmicas e**

mecanismos. Curso Combate ao Crime Organizado. Academia Juris Roma: Roma. Abril de 2024.

Aula Ministrada pelo Professor Enzo Ciconte. Tema: **História das Organizações Criminosas**. Curso Combate ao Crime Organizado. Academia Juris Roma: Roma. Abril de 2024.

Aula Ministrada pelo Professor Francesco Menditto. Tema: **Medidas de prevenção:** sequestro e confisco dos bens da criminalidade organizada. Curso Combate ao Crime Organizado. Academia Juris Roma: Roma. Abril de 2024.

Aula Ministrada pelo Professor Lorenzo Picarella. Tema: **Cyber crime e organizações criminosas**. Curso Combate ao Crime Organizado. Academia Juris Roma: Roma. Abril de 2024.

BARBOSA, César. **As facções criminosas do RN:** sangue e morte em Alcaçuz. Natal: Offset, 2019.

BITENCOURT. Cezar Roberto. **Comentários à Lei de Organização Criminosa**. São Paulo: Saraiva, 2014.

BRANCO, Vitorino Prata Castelo. **Curso Completo de Criminologia**. São Paulo: ST. 1975.

BRASIL. [Constituição (1988)]. **Constituição da República Federativa do Brasil de 1988**. Brasília, DF: Presidência da República, [2024]. Disponível em: < https://www.planalto.gov.br/ccivil_03/constituicao/constituicaocompilado.htm>. Acesso em: 11 jul. 2024.

BRASIL. Conselho Nacional de Justiça. **CNJ apresenta relatório ao Supremo no âmbito da ADPF 635**. Disponível em: https://www.cnj.jus.br/cnj-apresenta-relatorio-ao-supremo-no-ambito-da-adpf-635/ Acesso em: 21 jun.2024.

BRASIL. **Lei nº 9.034, de 03 de maio de 1995**. Dispõe sobre a utilização de meios operacionais para a prevenção e repressão de ações praticadas por organizações criminosas. Brasília, DF: Presidência da República, [2024]. Disponível em: https://www.planalto.gov.br/ccivil_03/LEIS/L9034.htm. Acesso em: 15 mar. 2024.

BRASIL. Ministério Público do Rio de Janeiro. **GAECO/MPRJ apresenta balanço da atuação ao longo de 2023.** Disponível em: https://www.mprj.mp.br/web/guest/visualizar?noticiaId=137701. Acesso em: 05 jul. 2024.

BRASIL. Ministério Público do Rio de Janeiro. **MPRJ denuncia deputada estadual Lucinha e ex-assessora por integrarem milícia.** Disponível em:https://www.mprj.mp.br/web/guest/visualizar?noticiaId=146601. Acesso em: 28 jun.2024.

BRASIL. Superior Tribunal de Justiça. (6. Turma). **Habeas Corpus 374515/MS.** Penal. Processual Penal. Habeas corpus. Associação criminosa. Trancamento da ação penal. Inépcia. Elementos objetivo e subjetivo especial do tipo. Descrição insuficiente. Falta de justa causa. Ausência de elementos mínimos a revelar autoria e materialidade. Demonstração. Relatora: Min. Maria Thereza de Assis Moura, 14 de março de 2017. Disponível em:https://scon.stj.jus.br/SCON/pesquisar.jsp?i=1&b=ACOR&livre=((%27HC%27.clap.+e+@num=%27374515%27)+ou+(%27HC%27+adj+%27374515%27).suce.)&thesaurus=JURIDICO&fr=veja. Acesso em: 26 abr.2024.

BRASIL. Supremo Tribunal. **Recurso Extraordinário 593.727.** Relator: Min. Cezar Peluso, 14 de maio de 2015. Disponível em: https://portal.stf.jus.br/processos/downloadPeca.asp?id=307671331&ext=.pdf. Acesso em: 05 jul.2024.

BRASIL. Tribunal de Justiça do Estado do Rio de Janeiro. (3. Câmara). **Embargos de Declaração 0144168-58.2021.8.19.0001**. Ação Penal - Procedimento Ordinário. Relator: Des. Paulo Sergio Rangel do Nascimento, 02 de março de 2023. Disponível em https://www3.tjrj.jus.br/gedcacheweb/default.aspx?UZIP=1&GEDID=0004B027CE0E731AB9D151CE99DD245EEAE4C51362200540&USER=. Acesso em: 27 abr.2024.

BRASIL. Tribunal de Justiça do Estado do Rio de Janeiro. (3. Câmara). **Conflito de Competência 0047472-89.2023.8.19.0000**. Ação Penal - Procedimento Ordinário. Relator: Des. Paulo Sergio Rangel do Nascimento, 15 de agosto de 2023. Disponível em: https://www3.tjrj.jus.br/gedcacheweb/default.aspx?UZIP=1&GEDID=000411 9E6BC05650E01A97045399B03F791FC51511346007&USER=. Acesso em: 23 abr.2024.

BRASIL. Tribunal de Justiça do Estado do Rio de Janeiro. (3. Câmara). **Apelação 05643-62.2022.8.19.0001**. Ação Penal - Procedimento Ordinário. Relatora: Des. Mônica Tolledo de Oliveira, 05 de abril de 2023. Disponível em: https://www3.tjrj.jus.br/gedcacheweb/default.aspx?UZIP=1&GEDID=0004B34181405B79152968A5D28C38AE289FC514174D4064&USER=. Acesso em: 27 abr.2024.

BRASIL. Tribunal de Justiça do Estado do Rio de Janeiro. (3. Câmara). **Apelação 0111448-09.2019.8.19.0001**. Ação Penal - Procedimento Ordinário. Relatora: Des. Mônica Tolledo de Oliveira, 25 de maio de 2021. Disponível em:https://www3.tjrj.jus.br/gedcacheweb/default.aspx?UZIP=1&GEDID=0004A5BB3695AC96820F0FD7D1916785B121C50E61450A44&USER=. Acesso em: 27 abr.2024.

CALHAU, Lélio Braga. **Resumo de criminologia**. 7 ed. Niterói RJ: Impetus, 2012.

CEPIK, M.; BORBA, P. **Crime organizado, estado e segurança internacional.** Disponível em: https://www.scielo.br/j/cint/a/yc9kXFhYxqNPJXDJHNPPBNB/abstract/?lang=pt. Acesso em: 22 jun.2024.

CICONELLO, Alexandre. **A política de segurança pública do Rio de Janeiro é ineficiente e financeiramente insustentável. Rio de Janeiro.** Disponível em: https://cesecseguranca.com.br/textodownload/a-politica-de-seguranca-publica-do-rio-de-janeiro-e-ineficiente-e-financeiramente-insustentavel/. Acesso em: 11 jul. 2024.

CNN BRASIL. **Polícia relata expansão do crime organizado após STF restringir ações em favelas.** Disponível em https://www.cnnbrasil.com.br/nacional/rj-policia-relata-expansao-do-crime-organizado-apos-stf-restringir-acoes-em favelas/#:~:text=O%20CNJ%20chega%20a%20listar,o%20cumprimento%20de%20medidas%20judiciais. Acesso em: 11 set.2024

CONJUR. **A banalização do conceito de organização criminosa**. Disponível em: https://www.conjur.com.br/2021-jan-31/opiniao-banalizacao-conceito-organizacao-criminosa. Acesso em: 28 abr. 2024.

CONJUR. **Gilmar Suspende Lula da Casa Civil**. Disponível em: https://www.conjur.com.br/wp-content/uploads/2023/09/gilmar-suspende-lula-casa-civil.pdf. Acesso em: 04 set. 2024.

CONJUR. **PGR denuncia irmãos Brazão e delegado por assassinato de Marielle.** Disponível em: https://www.conjur.com.br/2024-mai-09/pgr-denuncia-irmaos-brazao-e-delegado-por-assassinato-de-marielle/. Acesso em: 28 jun. 2024.

CONJUR. **STF Reconhece constitucionalidade de norma.** Disponível em: https://www.conjur.com.br/wp-content/uploads/2023/09/stf-reconhece-constitucionalidade-norma.pdf Acesso em: 05 jul. 2024.

CORREIO DA MANHÃ. **Rio de Janeiro:** os desafios de segurança pública que assombram o cartão postal do Brasil. Disponível em: https://www.correiodamanha.com.br/opiniao/2023/09/95981-rio-de-janeiro-os-desafios-de-seguranca-publica-que-assombram-o-cartao-postal-do-brasil.html. Acesso em: 04 jul. 2024.

DICIO. **Dicionário online de Português**. Disponível em: https://www.dicio.com.br/criminologia/#:~:text=Significado%20de%20Criminologia,e%20filosofia%20do%20Direito%20penal. Acesso em: 11 jul. 2024.

DIVAN, Gabriel Antinolfi. **Processo penal e política criminal**: uma reconfiguração da justa causa para a ação penal. Porto Alegre: Elegantia Juris, 2015.

FERNANDES, Antônio Scarance. O crime organizado e a legislação brasileira. *In:* PENTEADO, Jaques de Camargo (coord.). **Justiça penal:** críticas e sugestões, v. 3. São Paulo: RT, 1995.

FILOCRE, Lincoln D'Aquino, Direito de Segurança Pública: Limites Jurídicos Para Políticas de Segurança Pública. São Paulo: Almedina, 2010 *apud* NUCCI, Guilherme de Souza. **Organização Criminosa**. 5. ed. Rio de Janeiro: Forense, 2020.

GLOBO. **CNMP determina afastamento de promotor de justiça acusado de extorsão pelo presidente da Câmara de SL**. Disponível em: https://g1.globo.com/ma/maranhao/noticia/2024/01/16/promotor-acusado-de-extorsao-pelo-presidente-da-camara-de-sl-e-afastado-do-cargo-por-decisao-do-cnmp.ghtml. Acesso em: 08 jul. 2024.

GLOBO. **Deputados acreditam que Lucinha, afastada do cargo pela Justiça há mais de um mês, deve voltar à Alerj.** Disponível em: https://g1.globo.com/rj/rio-de-janeiro/noticia/2024/02/07/lucinha-afastada-do-cargo-alerj.ghtml Acesso em: 28 jun.2024.

GLOBO. **Juiz Amaury de Lima, preso em ação contra tráfico internacional de drogas em Juiz de Fora, é condenado a mais de 20 anos.** Disponível em: https://g1.globo.com/mg/zona-da-mata/noticia/2022/10/28/juiz-amaury-de-lima-preso-em-acao-contra-trafico-internacional-de-drogas-em-juiz-de-fora-e-condenado-a-mais-de-20-anos.ghtml. Acesso em: 04 jul. 2024.

GLOBO. **Lula sabia ou desconfiava que estaria sendo interceptado, diz Moro**. Disponível em: https://g1.globo.com/politica/blog/matheus-leitao/post/lula-sabia-ou-desconfiava-que-estaria-sendo-interceptado-diz-moro.html. Acesso em: 04 set. 2024.

GLOBO. **Milícia e Tráfico juntos impulsionam crimes em Itaguaí a cidade mais violeta do Rio de Janeiro**. Disponível em: https://oglobo.globo.com/brasil/noticia/2023/07/20/milicia-e-trafico-juntos-impulsionam-crimes-em-itaguai-a-cidade-mais-violenta-do-rio-de-janeiro.ghtml. Acesso em: 21 jun.2024.

GLOBO. **Recorde de 35 ônibus queimados em 1 dia no Rio afeta passageiros e gera prejuízo de mais de R$ 35 milhões**. Disponível em: https://g1.globo.com/rj/rio-de-janeiro/noticia/2023/10/24/recorde-de-35-onibus-queimados-em-1-dia-afeta-passageiros-e-gera-prejuizo-de-mais-de-r-35-milhoes.ghtml. Acesso em: 21 jun.2024.

GOMEZ, Luiz Flávio. **Leis Penais Comentadas**. Rio de Janeiro: Juruá, 2018. p. 170-171.

GRECO, Rogério; FREITAS, Paulo. **Organização Criminosa:** Comentários à lei n. 12.850/2013. Niterói: Impetus, 2020.

GRECO. **Sistema Prisional:** Colapso atual e soluções alternativas. 4. ed. rev., ampl. e atual. Niterói. RJ: Impetus, 2017.

HAESBAERT, R. **O mito da desterritorialização:** Do "Fim dos Territórios" à Multiterritorialidade. Rio de Janeiro: Bertrand Brasil, 2004.

JUSBRASIL. **Cesare Lombroso e a teoria do criminoso nato**. Disponível em: https://www.jusbrasil.com.br/artigos/cesare-lombroso-e-a-teoria-do-criminoso-nato/625021486. Acesso em: 05 jun.2024.

JUSBRASIL. **Concepções bipartida, tripartida e quadripartida de crime**. Disponível em: https://www.jusbrasil.com.br/artigos/concepcoes-bipartida-tripartida-e-quadripartida-de-crime/1220191253. Acesso em: 11 set.2024.

JUSBRASIL. **Falando Sobre a Criminologia**. Disponível em: https://www.jusbrasil.com.br/artigos/falando-sobre-a-criminologia/636189106. Acesso em: 11 set.2024.

JUSBRASIL. **Principais Aspectos da Criminologia**. Disponível em: https://www.jusbrasil.com.br/artigos/principais-aspectos-da-criminologia/338959871. Acesso em: 05 jun.2024.

MANSO, Bruno Paes. **Proximidade com poder favorece milícias em disputa por territórios no Rio, diz pesquisador**. Disponível em: https://www.bbc.com/portuguese/articles/cj5vz5pjv7yo. Acesso em: 28 jun.2024.

MASSON, Cleber; MARÇAL, Vinícius. **Crime Organizado**. 4. ed., rev., atual. e ampl. São Paulo: Método, 2018.p.44.

MATHIAS Lucas. **Área do Grande Rio controlada pelo crime cresceu 105% desde 2008**. Disponível em: https://veja.abril.com.br/brasil/area-do-grande-rio-controlada-pelo-crime-cresceu-105-desde-2008#google_vignette. Acesso em: 19 jun.2024.

METRÓPOLES. **Madrinha da milícia:** deputada Lucinha é afastada pela Justiça. Disponível em: https://www.metropoles.com/brasil/saiba-quem-e-a-deputada-lucinha-madrinha-da-milicia-alvo-da-pf. Acesso em: 28 jun. 2024.

MOREIRA FILHO, Guaracy. **Criminologia e Vitimologia aplicada**. São Paulo: Jurídica Brasileira, 2008.

MOTA, Renata Targino Almeida da. **As Organizações Criminosas como desafio para as Ciências Penais e a Segurança Pública no Estado do Rio Grande do Norte/RN**. Disponível em: https://institutorogeriogreco.com.br/2022/11/04/organizacoes-criminosas-como-desafio-para-as-ciencias-penais-e-a-seg-publica-no-estado-do-rio-grande-do-norte/#:~:text=Segundo%20Greco%2C%20o%20legislador%20ao,54. Acesso em: 10 jul. 2024.

MOTA, Renata Targino Almeida da. **As Organizações Criminosas como desafio para as Ciências Penais e a Segurança Pública no Estado do Rio Grande do Norte/RN**. Disponível em: https://institutorogeriogreco.com.br/2022/11/04/organizacoes-criminosas-como-desafio-para-as-ciencias-penais-e-a-seg-publica-no-estado-do-rio-grande-do-norte/#:~:text=Segundo%20Greco%2C%20o%20legislador%20ao,54. Acesso em: 10 jul. 2024.

NORONHA, Magalhães. **Curso de Direito Processual Penal**. São Paulo: Saraiva. 1978. p. 132.

NOVELLINO, Maria Salete Ferreita; OLIVEIRA, Luiz Augusto Vieira de. **Territórios-rede do crime organizado no Rio de Janeiro**. p.4 Disponível em: http://xviiienanpur.anpur.org.br/anaisadmin/capapdf.php?reqid=460. Acesso em: 21 jun.2024.

NUCCI, Guilherme de Souza. **Organização Criminosa**. 5. ed. Rio de Janeiro: Forense, 2020.

O ANTAGONISTA. **Comando Vermelho absoluto no Rio**. Disponível em: https://oantagonista.com.br/brasil/comando-vermelho-absoluto-no-rio/ Acesso em: 21 jun.2024.

O ANTAGONISTA. **Comando Vermelho domina RJ em 2023, superando milícias**. Disponível em: https://oantagonista.com.br/brasil/comando-vermelho-domina-rj-em-2023-superando-milicias/ Acesso em: 19 jun.2024.

O DIA. **Governo aponta segurança pública como principal desafio de 2024**. Disponível em: https://odia.ig.com.br/rio-de-janeiro/2023/12/6756694-governo-faz-balanco-de-acoes-e-aponta-seguranca-como-principal-desafio-de-2024.html.pdf. Acesso em: 04 jul. 2024.

O ANTAGONISTA. **Governo aponta segurança pública como principal desafio de 2024**. Disponível em: https://odia.ig.com.br/rio-de-janeiro/2023/12/6756694-governo-faz-balanco-de-acoes-e-aponta-seguranca-como-principal-desafio-de-2024.html.pdf. Acesso em: 04 jul. 2024.

OLIVEIRA, Adriano. **As peças e os mecanismos do fenômeno tráfico de drogas e do crime organizado.** Disponível em: https://repositorio.ufpe.br/bitstream/123456789/1397/1/arquivo4814_1.pdf. Acesso em: 04 jul. 2024.

PENTEADO FILHO, Nestor Sampaio. **Criminologia.** 14. ed. Atualização Eron Verissimo Gimenes. Rio de Janeiro: Saraiva, 2024.

PENTEADO FILHO, Nestor Sampaio. **Manual Esquemático de Criminologia.** 4 ed. São Paulo: Saraiva, 2014.

PISSUTO, Giovanna. **Criminologia.** Disponível em https://www.jusbrasil.com.br/artigos/criminologia/188716599. Acesso em: 06 jun.2024.

PONTES, Beatriz Maria Soares. **Os territórios do narcotráfico:** Os morros do Rio de Janeiro. Disponível em: https://periodicos.ufpe.br/revistas/revistageografia/article/viewFile/228757/23170 Acesso em: 22 jun.2024.

RATTON JÚNIOR, José Luiz de Amorim. **Ulisses Liberto ou Prometeu Acorrentado?:** Virtudes e Limites da Explicação da Ação na Obra de Jon Elster. p.176/177 Disponível em: https://repositorio.ufpe.br/bitstream/123456789/9819/1/arquivo9354_1.pdf. Acesso em: 04 jul. 2024.

RECORD. **Polícia faz operação em regiões dominadas pela milícia de Zinho** Disponível em: https://recordtv.r7.com/cidade-alerta-rj/videos/policia-faz-operacao-em-regioes-dominadas-pela-milicia-de-zinho-26102023. Acesso em: 25 jun.2024.

RIO DE JANEIRO. **Grupos criminosos armados no estado do Rio de Janeiro**. Disponível em: https://olerj.camara.leg.br/retratos-da-intervencao/grupos-criminosos-armados-no-estado-do-rio-de-janeiro Acesso em: 19 jun.2024.

SÁ, Alvino Augusto de. **Criminologia clínica e psicologia criminal.** São Paulo: Revista dos Tribunais, 2007.

SALLA Fernanda; TEIXEIRA Alessandra. **O crime organizado entre a criminologia e a sociologia.** Disponível em:https://www.scielo.br/j/ts/a/K7HHBqvBchTkKdwLVjybDwb/?format=pdf&lang=pt . Acesso em: 06 jun.2024.

SATRIANO, Nícolas. **Rio tem 3,7 milhões de habitantes em áreas dominadas pelo crime organizado; milícia controla 57% da área da cidade, diz estudo.** Disponível em: https://g1.globo.com/rj/rio-de-janeiro/noticia/2020/10/19/rio-tem-37-milhoes-de-habitantes-em-areas-dominadas-pelo-crime-organizado-milicia-controla-57percent-da-area-da-cidade-diz-estudo.ghtml. Acesso em: 19 jun.2024.

SCIELO BRASIL. **O crime organizado entre a criminologia e a sociologia:** Limites interpretativos, possibilidades heurísticas. Disponível em https://www.scielo.br/j/ts/a/K7HHBqvBchTkKdwLVjybDwb/. Acesso em: 05 set.2024.

SHECAIRA, Sérgio Salomão. **Criminologia.** 2 ed. Rev., atual e ampl. São Paulo: Revista dos Tribunais, 2008.

SILVA FILHO, José Vicente da. **Rio de Janeiro o Desafio da segurança pública.** Disponível em: http://iepecdg.com.br/wp-content/uploads/2018/04/RIO-DE-JANEIRO-O-DESAFIO-DA-SEGURANCA18JUN07.pdf Acesso em: 04 jul. 2024.

SMANIO; Gianpaolo Poggio, **Criminologia e juizado especial criminal:** modernização do processo penal: controle social. São Paulo, Atlas, 1998.

SOUZA, Luiz Henrique Correa. **As milícias no Rio de Janeiro e as consequências da sua existência na segurança pública do estado.** Disponível em: https://periodicorease.pro.br/rease/article/view/11693. Acesso em: 28 jun. 2024.

UOL. **Suspeitos de matar Marielle, Chiquinho E Domingos Brazão tem histórico político no Rio.** Disponível em: https://noticias.uol.com.br/ultimas-noticias/agencia-estado/2024/03/24/suspeitos-de-matar-marielle-chiquinho-e-domingos-brazao-tem-historico-politico-no-rio-entenda.htm. Acesso em: 28 jun. 2024.

UOL. **Suspeitos de matar Marielle, Chiquinho E Domingos Brazão tem histórico político no Rio.** Disponível em: https://noticias.uol.com.br/ultimas-noticias/agencia-estado/2024/03/24/suspeitos-de-matar-marielle-chiquinho-e-domingos-brazao-tem-historico-politico-no-rio-entenda.htm. Acesso em: 28 jun. 2024.

ZENKLUB. **Psicopatia e suas principais características.** Disponível em: https://zenklub.com.br/blog/para-voce/psicopatia/#:~:text=As%20pessoas%20com%20psicopatia%20geralmente,normas%20sociais%20e%20as%20leis Acesso em: 06 jun.2024.

PUBLIQUE CONOSCO!

NIDH

Núcleo interamericano de Direitos Humanos

https://nidh.com.br/

@nidhufrj

/nidhfnd

iiltda@hotmail.com

Mais direitos para mais humanos

www.ingramcontent.com/pod-product-compliance
Lightning Source LLC
LaVergne TN
LVHW090423051026
849518LV00006B/2413

* 9 7 8 6 5 8 3 3 0 1 1 1 6 *